Diderot zur Einführung

Ralph-Rainer Wuthenow

Diderot zur Einführung

JUNIUS

Wissenschaftlicher Beirat

Prof. Dr. Detlef Horster
Prof. Dr. Ekkehard Martens
Prof. Dr. Herbert Schnädelbach
Prof. Dr. Ralf Schnell
Dr. Christoph von Wolzogen
Prof. Dr. Jörg Zimmermann

Junius Verlag GmbH
Stresemannstraße 375
22761 Hamburg

© 1994 by Junius Verlag GmbH
Alle Rechte vorbehalten
Umschlaggestaltung: Johannes Hartmann
Titelfoto: Archiv für Kunst und Geschichte, Berlin
Herstellung: Das Herstellungsbüro, Hamburg
Satz: H & G Herstellung, Hamburg
Druck: SOAK GmbH, Hannover
Printed in Germany 1994
ISBN 3-88506-902-4
1. Auflage 1994

Die Deutsche Bibliothek - CIP-Einheitsaufnahme

Wuthenow, Ralph-Rainer:
Diderot zur Einführung / Ralph-Rainer Wuthenow. - 1. Aufl. -
Hamburg : Junius, 1994
(Zur Einführung ; 102)
ISBN 3-88506-902-4
NE: GT

Inhalt

Einleitung	7
Der Lebensgang	13

Erster Teil
Der Moralist	31
Frühe philosophische Arbeiten	43
Die Welt des Wissens	51

Zweiter Teil
Ästhetische Schriften	67
Das Theater	81
Der Erzähler	95

Dritter Teil
Sozialkritik und Utopie	117
»Rameaus Neffe« und die Anfechtung des Philosophen	131
»D'Alemberts Traum«	145
Rückblick	161

Anhang
Anmerkungen	167
Literaturhinweise	173
Zeittafel	176
Über den Autor	179

»Der Faden der Wahrheit kommt aus dem Dunkel und führt ins Dunkel zurück. Auf seiner ganzen Länge gibt es einen Punkt, der der lichtvollste von allen ist: dort muß man innezuhalten wissen, darüber hinaus scheint aufs neue das Reich der Dunkelheit zu beginnen.«
Diderot an Viallet, Juli 1766

Einleitung

In seinen »Sudelbüchern« notierte Georg Christoph Lichtenberg einmal, er möchte gerne wissen, »wie es um unsere deutsche Literatur in manchen Fächern stehen würde, wenn wir keine Engländer und Franzosen gehabt hätten. Denn selbst zum besseren Verständnis der Alten sind wir durch sie angeführt worden. Selbst die Frivolität mancher unter ihnen hat manchen die Augen für den Wert der Alten geöffnet.«[1] Diese Bemerkung läßt sich in besonderer Weise auf Diderot anwenden, der wie nur wenige, letztlich nicht minder als Voltaire und Rousseau, weitreichende Wirkungen in der deutschen Literatur ausgeübt hat, mag er auch weniger in die Breite und minder erregend auf das Empfindungsleben eingewirkt haben als der publizistisch so erfolgreiche »citoyen de Genève«.

Wie viele seiner Zeitgenossen in Frankreich war Diderot keineswegs nur Schriftsteller im engen Sinne des Wortes: Er gehörte zu den »philosophes«, war Denker, Kritiker, Erzähler, wissenschaftlicher Autor, Dramaturg, Essayist, Moralist — also Psychologe, Gedankenexperimentator, dazu als Briefschreiber so hinreißend lebendig, wie er von den Zeitgenossen im Gespräch gerühmt wird. Nietzsche hätte in ihm einen frühen, frivoleren, aber in mancher Hinsicht auch freieren Zeugen seines unterminierenden Denkens finden können als unter den eigenen Zeitgenossen, doch dieser Zugang blieb ihm versperrt.

Lessing hat sich auf ihn als den philosophischsten Autor berufen, der sich seit Aristoteles mit dem Theater abgegeben habe, und huldigt ihm, weil er ihm Unendliches für die Bildung seines Geschmacks verdankt. [2] Noch kurz vor seinem Tode schreibt Goethe an Zelter: »Diderot ist Diderot, ein einzig Individuum; wer an ihm und seinen Sachen mäkelt, ist ein Philister, und deren sind Legionen. Wissen doch die Menschen weder von Gott, noch von der Natur, noch von ihresgleichen dankbar zu empfangen, was unschätzbar ist.« [3] Ein Wort von Gewicht, denn der alte Goethe war sehr anspruchsvoll und scheint Diderot noch über den von ihm stets verehrten Voltaire zu stellen. Zudem ärgert ihn die Art, wie man in Deutschland abfällig und moralisierend von Diderot zu sprechen pflegte, vielleicht auch schon der oft geäußerte Vorwurf, er habe in vielen Gebieten vieles geleistet, sei aber der Welt das eigentliche Meisterwerk schuldig geblieben. Noch eine andere Briefstelle ist bedeutungsvoll: Im Zusammenhang mit Diderots »Essai sur la peinture« bemerkt Goethe in seiner Nachricht an Schiller, dies sei »ein herrliches Buch«, und es spreche den Dichter fast noch mehr als den bildenden Künstler an, »ob es gleich auch diesem oft mit gewaltiger Fackel vorleuchtet« [4]. Mehr als eine schöne Metapher, ist dieses Wort gewiß mit Bedacht gewählt: Goethe erkennt in Diderot, dem Kritiker und Verfasser ästhetischer Schriften, Gedanken, die über die Gegenwart hinausführen, er preist seine zum Teil erst im 20. Jahrhundert erkannte Modernität.

Aber auch hierin stehen die Romantiker des »Athenäums« nicht zurück: Friedrich Schlegel erblickt in der Erzählweise von *Jacques le Fataliste et son maître (Jakob und sein Herr)* eine Art von romantischer Ironie, Abschweifungen und Arabesken, das souveräne Spiel des Geistes mit dem Stoff und mit den Formelementen seiner Kunst. [5]

Wenn heute Voltaire übersetzt und herausgegeben wird, wenn bedeutende Werke Rousseaus, nicht allein die *Confessions*, wieder erscheinen, so muß man gestehen, daß Diderot — von den erzählenden Schriften und dem »Neveu de Rameau« (»Rameaus Neffe«) einmal abgesehen — weitgehend vernachlässigt wird. Daß man Titel wie Themen einiger seiner Bücher kennt, das freilich braucht nicht zu erstaunen. Aber man kennt im Grunde kaum sehr viel mehr von ihm als das, was Schiller und Goethe uns von ihm anvertraut haben oder was Marx von Hegel aufgenommen und was man dann als Diderots Materialismus gepriesen hat. Diderot mag seine Leser haben, ein Publikum hat er bei uns nicht.

Das ist aber schwer verständlich angesichts der nie erlahmenden, lebendigen Gesprächigkeit seiner Schriften, die zum Mitdenken auffordern und die sich nicht durch die Gegenstände so sehr charakterisieren lassen wie durch die Denk- und Behandlungsweise selbst. Diese drängt nicht auf einen endgültigen Abschluß, sondern über das momentan Erreichbare hinaus auf Möglichkeiten, die sich jenseits des gegenwärtig Vorstellbaren in einem unendlich fortzuführenden Prozeß verwirklichen könnten. Nur deshalb haben seine Werke etwas Skizzenhaftes — mit Zukünftigem angefüllt und gleichsam aufgeladen ist nicht allein das »Paradoxe sur le Comédien«!

Der spöttisch-geistesgegenwärtige, jeden Gedanken auf das genaueste verfolgende Plauderer ist aber auch einer Heftigkeit fähig, die man nicht gleich bei ihm vermutet. Wo er gar Korruption und Verrat ausmacht, ist seine Geduld zu Ende und die Verbindlichkeit erschöpft. An Melchior Grimm, den alten vertrauten Gefährten und Herausgeber der »Correspondance littéraire«, an der er so lange mitgewirkt hat, wendet sich Diderot mit den unnachsichtigen Worten: »Ich erkenne Sie nicht mehr, mein Freund. Sie sind, vielleicht ohne es zu ahnen, zu einem der gefährlichsten Antiphilosophen geworden. Sie leben in unsrer Mitte, aber Sie hassen uns.«[6] Er bleibt die Erklärung nicht schuldig:

»Seitdem der Mann, den die Natur dazu bestimmt hatte, sich auf dem Felde der Literatur auszuzeichnen, zur traurigen Stellung eines Dieners der großen Herren herabgesunken ist, hat er seinen Geschmack eingebüßt: er besitzt nur noch einen kleinen Geist, die enge und kriechende Gemütsverfassung seines neuen Standes, und er nennt Phrasendrescher jene beredten und kühnen Männer, die mit einem gewissen Stolz zu seinen Beschützern sprechen. Er wird das, was er einst bewunderte, nun herabsetzen. Er wird mit Wärme anempfehlen, was er einst verachtet hätte. Er ist nichts und denkt vielleicht nicht, daß er morgen weniger als nichts sein wird.«

Doch wirft es wiederum ein besonderes Licht auf Diderot, daß er den grandiosen Absageworten noch ein paar Sätze hinzufügt, die seine Heftigkeit ein wenig mildern und den alten Freund nicht endgültig verdammen: »Werde ich Ihnen diesen Brief, den ich eilig heruntergeschrieben habe, zuschicken? Ja, aber wann? Dann, wenn ich Sie genug schätzen werde, um glauben zu können, daß Sie ihn ohne Verärgerung lesen werden. Adieu!«

Es ist gewiß nicht überflüssig, auch nach dem Selbstverständnis des skeptischen und rebellischen Schriftstellers zu fragen, das sich nicht allein in seinen Briefen ausspricht. Die »Promenade du sceptique« von 1747 beginnt mit der folgenden Reflexion: »Die vermeintlichen Kenner in Sachen Stil werden mich vergebens zu entschlüsseln suchen. Ich gehöre nicht zu den bekannten Schriftstellern. Der Zufall gab mir die Feder in die Hand, und der Stand eines Autors bringt zuviel Verdruß mit sich, als daß ich mir in der Folge das Schreiben zur Gewohnheit machen wollte.«[7]

Der so erwähnte Verdruß, der ihn veranlaßt, diese Schrift anonym zu veröffentlichen, was er auch später mit anderen Texten noch tat, wenn er sie nicht sogar zurückhielt, hängt damit zusammen, daß sich der Schriftsteller, wie er ihn versteht, in Dinge einmischt, die ihn nach Ansicht anderer überhaupt nichts angehen, die Verhältnisse der Menschen nämlich, ihre Vorurteile, ihre soziale und politische Situation, daß er also die Augen nicht schließen, die Feder nicht absetzen kann, wenn er Elend, Unrecht und Unterdrückung erblickt. Daraus aber entsteht Feindschaft und Verfolgung. Dennoch will er, wie es im Widmungsschreiben an die Prinzessin von Nassau-Saarbrücken zum *Père de famille (Der Hausvater)* (1758) heißt, nicht aufhören, die Menschen wissen zu lassen, daß sie »kein Bedürfnis hätten, regiert zu werden, wenn sie nicht schlecht wären, und daß folglich das Ziel jeder Herrschaft sein muß, sie gut zu machen«[8].

Wird nicht Diderot auch sichtbar, wenn er in einem Brief an Sophie Volland über seinen Bruder, den Abbé, von einem Besuch in der Heimatstadt Langres verlauten läßt, er sei ehrenhaft, aber doch roh: »Er wäre ein guter Freund geworden, ein guter Bruder, wenn sein Christus ihm nicht befohlen hätte, alle diese Miseren zu verachten. Er ist ein guter Christ, der mir alle Augenblicke beweist, daß es besser wäre, ein guter Mensch zu sein, und daß, was sie die evangelische Vollkommenheit nennen, nichts anderes ist als die verhängnisvolle Kunst, die Natur zu ersticken, die sich in ihm vielleicht ebenso stark gerührt hätte wie in mir.«[9]

Kritik am Christentum, Darlegung des Widerspruchs von strenger Konfessionalität und Humanität, Verteidigung der Natürlichkeit des Menschen gegen den spiritualisierenden Zwang zur Askese, das alles findet sich wie ein Bekenntnis in diesen wenigen Sätzen.

Diderot, der so hochherzig gesinnt und immer hilfsbereit ist, kennt freilich die Schwächen der menschlichen Natur. Er nimmt sich selbst nicht davon aus und erklärt, nachdem er ein wenig zu Wohlstand gekommen ist, er wolle aller Versuchung zum Trotz der bleiben, der er bislang war, und er läßt sogar in einer rhetorischen Wendung durchblicken, daß, wenn das Gift des Luxus seine Wirkung tue, die Vernichtung aller seiner Kostbarkeiten zu wünschen sei, nicht als Strafe, sondern um ihn dergestalt in die von mo-

11

ralischer Verderbnis freie Armut zurückzuversetzen. Dies ist die moralische Pointe seiner »Regrets sur ma vieille robe de chambre« (1772).

Auch das gehört zu Diderot. Nicht bei allen großen Künstlern, Denkern, Schriftstellern stehen die bekundeten Grundsätze mit der Lebensführung, der Charakter mit den Schriften, die Gesinnung mit dem gesprochenen und geschriebenen Wort so sichtbar in Übereinstimmung wie bei ihm. Nicht nur als Denker und Schriftsteller, auch als Bürger, Mensch und Freund hat Diderot die Zuneigung derer gewonnen, die ihn näher gekannt haben. Wir freilich haben uns an seine Schriften zu halten, dennoch ist eine kurze Erinnerung an den wenig christlichen Menschenfreund, der sich seiner Schwächen und Gefährdungen durchaus bewußt war, jedenfalls nicht völlig überflüssig.

Der Lebensgang

Das 18. Jahrhundert ist das Jahrhundert der Ausbildung der philosophischen Begriffe und des Anspruchs der Vernunft, nach ihrem Maßstab die Erscheinungen der Menschenwelt, das Denken und Meinen, die staatlichen, kirchlichen und sozialen Institutionen, die Einsichten, auf die diese sich gründen, wie die Aussichten, die sie gewähren, der Kritik zu unterwerfen. Es ist das Jahrhundert von Montesquieu, Voltaire, Rousseau, d'Alembert, Shaftesbury und Hume, Lichtenberg und Kant; und die Schriftsteller und Denker im Umkreis der *Enzyklopädie* nennt man die »philosophes«. Paris ist das Zentrum der gebildeten und gelehrten Welt, der berühmten Salons, des literarischen Lebens, Paris ist die Hauptstadt der europäischen Gesellschaft. Die Standesschranken, die in vielen anderen Ländern noch stark spürbar waren, hatten sich hier, wie in England auch, bereits gelockert. Witz und Talente, Bildung, Anstand und Anmut machten eine Person gesellschaftsfähig oder »salonfähig«.

Der Deismus einer natürlichen Religion weicht den herrschenden Dogmatismus der nach den Religionskriegen wieder erstarkten katholischen Kirche allmählich auf, die natürliche Religion wird nun ihrerseits durch die Verabsolutierung der Materie und der ihr inhärenten Bewegung, die keinen Gott mehr nötig hat (oder zulassen kann), untergraben. Auf die Natur beruft sich nicht allein der erstarkende Atheismus, sondern auch der prärevolutionäre Republikanismus, denn der Naturzustand macht die ursprüngliche Gleichheit aller Menschen sozusagen evident.

Dementsprechend kann auch ein Staat nur Ergebnis einer vertraglichen Übereinkunft von Freien und Gleichen sein.

An diesen Entwicklungen, Fragestellungen und Denkbewegungen hat Denis Diderot in besonderem Maße Anteil: Mehr als der repräsentative und einflußreiche Voltaire, als der durch beispiellose Beredsamkeit eindringlich wirksame Rousseau ist er ein Sohn dieses Jahrhunderts, auch wenn er zu Lebzeiten und noch lange danach in ihrer beider Schatten gestanden hat.

Am 5. Oktober 1713 in Langres als Sohn eines Messerschmieds geboren, in eine Familie, die es zu einem gewissen Wohlstand gebracht hat, wird Denis von seinem Vater, den er sein Leben lang tief verehrte, zu den Jesuiten in die Schule gegeben; man bestimmt ihn für den geistlichen Stand. Zuweilen wegen Verstößen gegen die Disziplin getadelt, überzeugt er doch stets durch seine ungewöhnlichen Leistungen und setzt seine Studien, die ihn ganz ausfüllen sollten, bald schon in Paris fort. Viel Genaues über diese wichtigen Jahre seiner Entwicklung weiß man nicht, nur das, was Diderot selbst später seiner Tochter oder den Briefen an Sophie Volland anvertraut hat. Jedenfalls wird es ihm im Zusammenhang mit seinen wissenschaftlichen und philosophischen Studien nach und nach unmöglich, bei der Theologie zu bleiben, und auch dem Bemühen um die Rechtswissenschaft im Hinblick auf einen späteren entsprechenden Beruf vermag er nichts abzugewinnen. Er hat kein Berufsziel, und die Studien sind der beglückende Inhalt seiner Tage.

Der besorgte Vater beordert ihn nach Hause zurück und verweigert ihm den weiteren Unterhalt. Aber Denis bleibt hartnäckig; mit Stundengeben — in Mathematik vor allem — hält er sich über Wasser, ist zwischenzeitlich als Hauslehrer tätig, auch soll er für gutes Geld Predigten verfaßt haben. Aber das sind nur vorübergehende Erleichterungen seiner Notlage; er macht Schulden, er hungert.

Schließlich heiratet er, ohne alle beruflichen Aussichten, ohne auch die väterliche Zustimmung erhalten zu können, und sieht sich nun gezwungen, für mehr als sich allein zu sorgen. Er ist dreißig Jahre alt und beginnt seine literarische Laufbahn als Übersetzer von Werken der englischen Literatur, die in jenen Jahrzehnten eine Fülle neuer Ideen auf dem Kontinent heimisch werden ließ. So tritt Diderot bald auch als Übersetzer Shaftesburys auf; die »Inquiry concerning virtue and merit« (1699 bzw. 1711) hat offenbar, zumal in ihrem Lob der individuell begründeten und behaupteten Tugend, einen starken Einfluß auf das Denken des noch unbekannten (und sehr frei mit dem Text verfahrenden) Übersetzers hinterlassen. Insbesondere der Zusammenhang von Tugend und Glückseligkeit hat es ihm angetan. Der Fanatismus, so erkennt er, führt zur Barbarei, recht verstandene Religiosität aber vermag Tugenden zu fördern, die nicht auf Entbehrung zielen, sondern ein harmonisches Dasein fördern und also beglücken.

1746 erscheinen die »Pensées philosophiques« als sein erstes selbständiges Werk, vom Parlament noch im nämlichen Jahr dem Feuer überantwortet, aber elf Jahre später neu aufgelegt. 1747 schon verfaßt Diderot die »Promenade du sceptique« (»ou les Allées«, wie der vollständige Titel lautet), eine weitere Darlegung seines Skeptizismus, die aber schon vor der Publikation von einem Agenten beschlagnahmt wird, um erst 1830 nach Auffindung des Manuskriptes mit Nachlaßwerken zusammen veröffentlicht zu werden.

Im Jahr 1748 schreibt Diderot in nur vierzehn Tagen einen Roman, dies, wie es scheint, um einer Geliebten zu beweisen, wie leicht es sei, die frivolen Schriften im Stil des jüngeren Crébillon (*L'Ecumoire, Le Sopha*) zu verfertigen, wenn man nur ein wenig begabt ist, zugleich aber als Tribut an die recht freien Konversationen und Sitten im Paris jener Zeit, weshalb er zuweilen als nur »schmutzig« abgetan werden sollte. In der Tat sind die »Kleinode« der Frauen, die unter bestimmten Bedingungen in einem afro-orientalischen Königreich zu plaudern beginnen und also Intimes verraten, ein Einfall, der nicht eben sehr elegant, aber von großer satirischer Wirkung ist, um Schein und Sein, prätendierte Tugend und sexuelle Untreue miteinander zu konfrontieren. Dabei wird aber auch eine zeit- und moralkritische Tendenz erkennbar, die Diderot vielleicht nur nebenbei verfolgt, indem der Verfasser in nur zu durchsichtiger Weise französische Verhältnisse der Epoche charakterisiert und persifliert.

Aber nicht mit den *Bijoux indiscrets* bringt Diderot sich in Schwierigkeiten, dies geschieht vielmehr mit der 1749 veröffentlichten Schrift »Lettre sur les aveugles, à l'usage de ceux qui voient«, die ihm einen Haftbefehl und vier Wochen strengen, dann acht Wochen erleichterten Arrest in Vincennes einträgt. Standhaft weigert er sich, den Namen des Druckers zu verraten, und wird schließlich wieder freigelassen. In diese Haftzeit fällt auch der berühmt gewordene Besuch Rousseaus, mit dem sich Diderot über die von der Akademie von Dijon ausgeschriebene Preisfrage unterhält, ob der Fortschritt der Wissenschaften und Künste zur Verbesserung oder zur Verschlechterung der Sitten beigetragen habe.

Folgt man Jean-Jacques Rousseau, so hatte er schon auf dem Weg nach Vincennes die Eingebung, wie er die Antwort zu formulieren habe, nimmt man die späteren Äußerungen Diderots zur Kenntnis, so scheint es, daß dieser ihm seine dann so erfolgreiche negative Erwiderung suggeriert habe. Doch auch wenn wir wissen, wie gern Rousseau sich in solchen Dingen täuschte und wie redlich sich Diderot im allgemeinen verhielt, so gehört das Verdienst der wirkungsvollen Darstellung und Entfaltung dieser kühnen These ganz Jean-Jacques Rousseau. Daß Diderot, nur minder radikal, ähnliche Gedanken hegte, ist unschwer zu zeigen. Auch darf man nicht vergessen, daß Jean-Jacques seine *Confes-*

sions, in denen er von seinem Besuch in Vincennes berichtet, nach dem vermutlich durch seine paranoiden Vorstellungen herbeigeführten Bruch mit Diderot verfaßt hat.

Noch vor der Veröffentlichung einer sprachtheoretisch-ästhetischen Schrift, der »Lettre sur les sourds et muets« (1751), übernimmt der beinahe Vierzigjährige gemeinsam mit d'Alembert (bis 1758) das wissenschaftlich-philosophische Hauptgeschäft seines Lebens, das ihn gut 25 Jahre lang beschäftigen sollte: die Herausgabe der *Enzyklopädie*, die als ein »Dictionnaire raisonné« zusammen mit einer »société de gens de lettres« erarbeitet wird. Sie sollte mehr als die anderen Arbeiten seinen Ruhm begründen: Diderot wirkt hier immerhin als Redakteur, Organisator und Autor zugleich. Über lange Zeit hinweg sollte man seinen Namen mit keinem anderen seiner Werke in gleichem Maße identifizieren.

1750 erscheint Diderots Prospekt der *Enzyklopädie*. Das Unternehmen, das ihn so lange in Anspruch nehmen wird, war zunächst nur als Bearbeitung einer englischen Enzyklopädie geplant, weitet sich aber rasch aus; die zu behandelnden Phänomene und Kenntnisse scheinen noch während der Arbeit an dem gigantischen Projekt anzuwachsen, so daß das endlich abgeschlossene Werk schon wieder einer erweiternden Neubearbeitung hätte unterzogen werden können.

Durch die nun erforderlich gewordene Neubeschäftigung mit den Naturwissenschaften findet Diderot zunächst einmal zur Niederschrift seiner »Pensées sur l'interprétation de la nature« (1754); wie eng der Zusammenhang mit der Arbeit für die *Enzyklopädie* ist, ergibt sich u.a. daraus, daß Diderot in dieser auf die »Pensées« Bezug nimmt.

Dieser Text scheint für ihn von grundsätzlicher Bedeutung gewesen zu sein, mehr als nur eine Vorbereitung auf das, was auf sich genommen hatte und schließlich mehr von ihm verlangte als eine Auseinandersetzung mit den Naturwissenschaften der Epoche und ihren Erkenntnissen. Auch wenn er sich für die Herausgabe der Mithilfe d'Alemberts und für die einzelnen Artikel der Mitarbeit vieler Schriftsteller und Gelehrter, Spezialisten und gebildeter Kenner versichert hatte, so mußte er doch, um der übernommenen Verantwortung einigermaßen gerecht werden zu können, ein Mann von polyhistorischem Wissen sein.

Erstaunlicherweise fand Diderot noch Zeit und Energie für eine weitere Tätigkeit, und zwar auf einem Gebiet, das ihm neu war. Durch eben diese Arbeit sollte er bald in Deutschland bekannt werden: Er trat als Theoretiker des Dramas und als Schauspieldichter auf, als Verfechter des bürgerlichen Trauerspiels, des »drame bourgeois«, das er dem, wie er meinte, abgelebten, jedenfalls unzeitgemäßen »aristokratischen« Theater des französischen Klassizismus mit seiner hochgetriebenen Stilisierung entgegensetzen wollte, so daß sich Lessing nicht allein aus taktischen Gründen wenig später auf Diderot berufen sollte. Diderot insistiert auf der möglichen Tragik auch des Privatlebens, nachdem er schon in den *Bijoux indiscrets* die unnatürliche und unwahrhaftige Konzeption des klassizistischen französischen Theaters angegriffen hatte. Nun verfaßt er, Jahre später, das Drama *Le fils naturel (Der natürliche Sohn)*, wobei er sich an Goldoni (*Il vero amico*) anlehnt, jedoch Fabel, Charaktere und Dialog in seinem Sinne abwandelt. Er fügt noch drei Gespräche hinzu, die als Theorie des »drame sérieux« und als fiktive Auseinandersetzung mit seinem dramatischen Versuch zu verstehen sind. 1757/1758 verfaßt er dann den *Père de famille (Der Hausvater)*, den er mit einem ausführlichen Widmungsschreiben an die Prinzessin von Nassau-Saarbrücken publiziert.

In diesen überaus produktiven Jahren vollzieht sich aber auch der Bruch mit Rousseau, der, nach den vorliegenden Zeugnissen zu urteilen, für diesen eine wichtigere Rolle noch gespielt hat als für Diderot. Wohl verlor Diderot einen Freund und sah sich unwürdigen Verdächtigungen ausgesetzt, Rousseau aber wähnte sich verraten und verfolgt und zog aus dieser Vorstellung die Momente einer pathetischen Selbstdarstellung, die als eine große Rechtfertigung und Abrechnung gedacht war. So wurde, was für Diderot ein schmerzlicher Verlust war, für Rousseau zum Stimulus, ja, man könnte sagen, zum Gewinn. Ganz Europa hat in den folgenden Jahren daran Anteil genommen und, da zunächst nur die Äußerungen Rousseaus vorlagen (oder kolportiert wurden), diesen als Inkarnation der verfolgten Tugend bedauert, seine »Widersacher« aber wurden verdammt.

Es soll ihn das Wort aus dem *Fils naturel (Der natürliche Sohn)* gekränkt haben, das er in seiner Verblendung auf sich bezog, »il n'y a que le méchant, qui soit seul«, aber das ist nur ein Teil der Kränkungen, die er von Diderot erfahren haben will, indes er selbst die abenteuerlichsten Intrigen spann, über die man sich erst im 19. Jahrhundert, nach Erscheinen der Memoiren von Madame d'Epinay, unterrichten konnte.

Aber diesen Jahren verdankt Diderot, der in seinem häuslichen Bezirk längst nicht mehr glücklich war, die Bekanntschaft mit Sophie Volland, mit der ihn über viele Jahre hinweg eine tiefe Liebesbeziehung verbinden sollte. Die häufigen Aufenthalte Sophies auf ihrem Landgut hatten die Aufrechterhaltung eines intensiven Briefwechsels zur Folge, so daß wir über viele Einzelheiten seines Daseins in diesen Jahren ziemlich genau unterrichtet sind, über seine Stimmungen, seine Freunde, seine Pläne und seine Gedanken.

Am 14. Oktober 1759 schreibt er an Sophie Volland:

»Es gibt Geständnisse, bei denen man ruhig ein bißchen übertreiben darf. Nicht jeder ist so aufrichtig wie ich. Wenn ich mich selber schlechtmache, halte ich mich in der Wahl der Worte nicht zurück. Ich sage, was man schlimmstenfalls sagen könnte. Ich überlasse es nicht meinen Zuhörern, den Rest hinzuzufügen, und es ist mir ganz gleich, wenn sie mich beim Wort nehmen. Vor allem möchte ich nicht, daß Sie, meine Freundin, irgendwelche Abstriche machen. Wenn schon das Laster, dessen ich mich bezichtige, nicht in meinem Herzen ist, dann muß doch wohl ein anderes in meinem Denken sein. Wenn Sie diesen Grundsatz richtig finden, dann sehen Sie mich, wie ich bin, und Sie werden morgen, übermorgen und in zehn Jahren gleich zufrieden oder unzufrieden mit mir sein. Finden Sie sich also mit meinen Fehlern ab — ich bin zu alt, um mich zu bessern, und es ist für Sie leichter, eine Tugend mehr zu haben, als für mich, ein Laster abzulegen.«[1]

Regelmäßig hält sich Diderot auch als Gast in Grandval, dem Landsitz des Baron d'Holbach, auf, der während der Wintermonate sein gastliches Stadthaus der ganzen »Synagoge«, wie Diderot sie nannte, öffnete: Condillac, Turgot, Raynal, Hume, Helvétius, Marmontel, in den ersten Jahren auch Rousseau sind hier zu Gast. Der gesellige und gesprächige Diderot, den seine unglückliche häusliche Situation bedrückte, konnte sich von allem Alltagsballast befreit entfalten und scheint bald schon das Zentrum dieser gesellschaftlichen Zusammenkünfte und ihrer großzügigen Soupers gewesen zu sein.

Ein Brief aus Grandval von 1767 gibt ein Beispiel für den dort herrschenden Ton:

»[...] wissen Sie schon, daß Madame d'Aine zum Freigeist geworden ist? Es ist einige Tage her, daß sie uns erklärte, sie glaube, ihre Seele verwese in der Erde zusammen mit ihrem Körper. — ›Aber warum beten Sie dann zu Gott? — Meiner Treu, ich weiß es nicht! — Sie glauben also nicht an die heilige Messe? — Einen Tag glaube ich dran, den andern nicht. — Aber an dem Tag, wo Sie dran glauben? — An dem bin ich schlechter Laune. — Und gehen Sie zur Beichte? — Was soll ich da? — Ihre Sünden bekennen. — Ich begehe doch keine, und wenn ich welche beginge und sie einem Priester ins Ohr sagte, wären sie dann etwa nicht begangen? — Sie haben also keine Angst vor der Hölle? — So wenig wie Hoffnung aufs Paradies.

— Aber wie haben Sie sich das alles angeeignet? — In den schönen Gesprächen mit meinem Schwiegersohn. Meiner Treu, man müßte einen guten Vorrat an religiösem Glauben mitbekommen haben, um sich in seiner Gesellschaft auch nur ein bißchen davon zu bewahren. Sie, mein Schwiegersohn, waren es, der meinen ganzen Katechismus durcheinandergebracht hat; Sie werden das vor Gott zu verantworten haben! — Sie glauben also an Gott? — An Gott? Es ist so lange her, daß ich an ihn gedacht habe, daß ich darauf weder mit ja noch mit nein antworten kann. Wenn ich in die Hölle komme, dann werde ich dort nicht allein sein — das ist alles, was ich weiß!‹ [...]«[2]

Vermutlich fällt auch in diese Zeit die erste Konzeption des erst nach dem Tode des Verfassers in deutscher Übersetzung veröffentlichten Dialogs »Le Neveu de Rameau« (»Rameaus Neffe«), unter anderem wohl provoziert durch den Angriff Palissots auf die Enzyklopädisten. Diderot bedient sich hier einer realen Figur, von der uns auch Mercier und Cazotte berichten und die in den Kaffeehäusern ein komisches Gedicht vertrieb, das sie auf sich gemacht und »La Raméide« genannt hatte. Diderot hat sie gekannt, sie scheint ein Narr mit genialen Zügen gewesen zu sein. Bei Diderot ist sie mehr ein Ungeheuer.

Auch der Roman *La Religieuse (Die Nonne)*, in dem Diderot die rührende Geschichte eines zum Klosterleben gezwungenen jungen Mädchens fiktiv entwickelt, stammt aus dieser Epoche, ein sittengeschichtlich bedeutsames Werk, das deutlich Kritik am Klosterwesen übt, an der Art, wie junge Frauen zum Klosterleben verurteilt und dort sogar korrumpiert werden können. Trotz aller psychologischen Wahrscheinlichkeit der einzelnen Episoden wollte Diderot es nicht einmal anonym publizieren, man weiß nicht, ob aus Scheu vor der Zensur, die er schon wegen der *Enzyklopädie* nicht weiter herauszufordern wagen konnte, oder aus mangelndem Vertrauen in die literarische Qualität des Werkes.

Das ist nicht einmal alles, was Diderot damals, auf der Höhe des Lebens stehend, leistete: Unermüdlich tätig, stets wieder neuen Gegenständen zugewandt, fast universal interessiert und begabt, scharfsinnig und unkonventionell, verfaßt Diderot nicht nur den Artikel »Beau« für die *Enzyklopädie*, nicht nur den »Eloge de Richardson«, sondern auch den »Essai sur la peinture« (1765), dem später die »Pensées détachées sur la peinture« (1776) folgen sollten. Für die »Correspondance littéraire« von Melchior Grimm schreibt er die lange Zeit wenig beachteten Ausstellungsberichte, also die »Salons« der Jahre 1759, 1761, 1765, 1767, 1769, 1771, 1775 und 1781, mit zuweilen ausführlichen Beschreibungen, oft auch knappen Charakteristiken der Werke von Fragonard, Boucher, Greuze, Latour, Vanloo, Vernet, Mme. Vien u. a. An Chardin, vom dem er sich auch instruieren läßt, rühmt er »Natur und Wahrheit« und erklärt, daß seine Gemälde einst gesucht sein werden. Auch der junge David findet seine Anerkennung.

Grimm bewundert die Arbeit Diderots für die »Correspondance«, die ja unter Ausschluß der Öffentlichkeit an die europäischen Höfe versandt wird; und 1765 gesteht Diderot in einem Brief, dieser Versuch sei eine Befriedigung für ihn gewesen:

»Er hat mich überzeugt, daß mir voll und ganz die Einbildungskraft und Glut des Dreißigjährigen geblieben sind, daß ich aber zusätzlich ein Wissen und ein Urteilsvermögen besitze, über die ich damals nicht verfügte. Ich habe zur Feder gegriffen, habe vierzehn Tage hintereinander vom Morgen bis zum Abend geschrieben und über zweihundert Seiten mit wohlgeformten Gedanken gefüllt in jener kleinen und feinen Schrift, in der ich Ihnen meine langen Briefe schreibe, und auf dem gleichen Papier; würde man das drucken, so kämen gut und gern zwei Bände heraus.

Zur gleichen Zeit habe ich die Erfahrung gemacht, daß meine Eigenliebe keiner öffentlichen Belohnung bedarf [...].« [3]

Aus dem »Salon« stammt auch Diderots Bekanntschaft mit dem Bildhauer Falconet, die zu einem Briefwechsel über dessen Gleichgültigkeit angesichts des Nachruhms führen sollte, dies obschon Diderot selbst bereit war, seine besten Arbeiten recht gleichgültig zu behandeln, gar nicht zu publizieren oder sie, oftmals von Grimm noch abmildernd redigiert, in der »Correspondance littéraire« verschwinden zu lassen.

Von 1769 stammt schließlich das überaus modern anmutende »Paradox sur le Comédien«, in dem die Wahrheit der Kunst die der Natur gewissermaßen in sich aufgehoben hat und das künstlerische Bewußtsein über den Naturalismus der Nachahmung triumphiert.

Diderot lebte zwar nicht in dürftigen Verhältnissen, aber bei einem gewissen Aufwand und großer Freigiebigkeit war er, als er an die Verheiratung der geliebten Tochter dachte, der Ansicht, das Vermögen sei nicht groß genug, um sie anständig auszustatten, so daß er den Verkauf seiner wertvollen Bibliothek ins Auge faßte. Grimms Vermittlung führte dann dazu, daß Katharina II. von Rußland 1765 die Bibliothek erwarb, sie ihm aber auf Lebzeiten überließ und ihn dementsprechend auch noch zu ihrem Bibliothekar mit nicht nur bescheidenem Jahresgehalt ernannte. Sie bot ihm sogar an, die *Enzyklopädie* in St. Petersburg zu Ende zu führen, was Diderot aber mit Rücksicht auf seine Verträge mit den Pariser Buchhändlern ablehnte. Der ganze Vorgang war für den europäischen Ruhm der Zarin nicht ohne Bedeutung, und sie wußte wohl, daß ihre Großzügigkeit nicht ohne positive Folgen für ihr Ansehen sein würde.

Diderot hat nun nicht nur die Höhe seiner erstaunlichen Produktivität erreicht, die ihn selbst mit einer gewissen Genugtuung erfüllt, er hat auch, vom Skeptizismus seiner Frühzeit her gesehen, eine bedeutende Gedankenentwicklung durchgemacht, die ihn im Zusammenhang mit seiner Tätigkeit für die *Enzyklopädie* zu einem Materialismus gelangen ließ, der eine idealistisch zu nennende Tugendkonzeption, wie er sie nicht allein im »Neveu de Rameau« (»Rameaus Neffe«) erkennbar werden läßt, keineswegs ausschloß.

Ein Dokument der nun gewonnenen Denkhaltung ist das als »Rêve de d'Alembert« bekannt gewordene Triptychon (der Traum mit den zwei dazugehörigen Gesprächen) über den Ursprung des Organischen, von dem er der Geliebten in heiterem Tone berichtet: »Das Ganze ist von höchster Extravaganz und enthält zugleich tiefste Philosophie. Es war wohl ein ziemlich geschickter Schachzug, daß ich meine Ideen einem Träumenden in den Mund legte. Oft muß man der Weisheit ein Narrengewand umhängen, damit sie Einlaß findet.«[4] Durch sich selbst existierend und sich ständig neu organisierend, ist die Natur hier das Absolute geworden und der Schöpfergott (unausgesprochen) überflüssig.

Daß sich seine materiellen Verhältnisse inzwischen auch gebessert haben, kann man der reizvollen Betrachtung »Regrets sur ma vieille robe de chambre« (1769) entnehmen, in der von einer während seiner Abwesenheit vorgenommenen höchst luxuriösen Veränderung und Neuausstattung seines Arbeitszimmers die Rede ist, zu der auch das einzige, worauf er allerdings nicht verzichten möchte, das Bild einer Seelandschaft nämlich, gehört, das Vernet ihm zum Dank für das im »Salon« gespendete Lob zum Geschenk gemacht hat. Diese kleine Prosaarbeit besitzt auf verhaltene Weise auch Geständnischarakter und läßt uns wie ohne Absicht einen Blick in das Intérieur der Diderotschen Existenz werfen.

Rechnet man zu dieser und anderen kleineren Arbeiten noch die kurzen moralischen Erzählungen »Les deux amis de Bourbonne« und den »Entretien d'un père avec ses enfants«, vor allem aber den formal neuartigen, aus Erzählungen komponierten Roman *Jacques le fataliste et son maître (Jakob und sein Herr)* (1772), der Goethes ganzes Entzücken wecken sollte, so ist, was wir als Diderots Lebenswerk kennen, im wesentlichen abgeschlossen.

Im Jahre 1773 reist Diderot nach St. Petersburg, um seiner hochgestellten Gönnerin die längst geschuldete Aufwartung zu machen; er kehrt im folgenden Jahr zurück, versehen mit dem Auftrag, einen Entwurf für die Organisation des Unterrichtswesens in Rußland zu verfassen. Dieser liegt vor und ist in seiner partikularen Orientierung an den deutschen Schulverhältnissen wie in der Betonung der naturwissenschaftlich-mathematischen Disziplinen einschließlich der Mechanik bemerkenswert. Der Herausgeber der *Enzyklopädie*, der sich zum Kenner der mechanischen Künste, überhaupt des Handwerks und der neuen Produktionsweisen gemacht hat, plädiert für eine technisch-praktische, moderne, also zukunftsgerichtete Ausbildung, ohne deswegen jedoch die sogenannten klassischen Fächer hintanzusetzen.

Von den größeren Arbeiten der letzten Lebensjahre ist vor allem noch der »Essai sur les règnes de Claude et de Néron et sur la vie et les écrits de Sénèque« zu erwähnen, der im Untertitel als Einführung in die Lektüre des Philosophen bezeichnet wird (1778, Neuauflage 1782). In einer Widmung an Naigeon formuliert Diderot mit dem für ihn typischen Understatement auch ein Urteil über die eigene Schreibweise, das höchst aufschlußreich ist. Es heißt hier: »Je ne compose point; je ne suis point auteur; je lis ou je converse; j'interroge ou je réponds.« [5] Das Werk ist dementsprechend eine seiner »promenades«; er hält an und schaut, wenn ihn die Aussicht dazu einzuladen scheint. Die Unbefangenheit, die Freiheit, wenn man will auch die Willkür seines Vorgehens sind damit als das, was er mit Montaigne gemein hat, aufs beste charakterisiert.

Es scheint, daß er sein Lebenswerk als vollbracht ansieht, selbst wenn so wichtige Arbeiten wie der »Neveu de Rameau« (»Rameaus Neffe«), der »Rêve de d'Alembert« (»Der Traum d'Alemberts«), das »Supplément au voyage de Bougainville« (von Diderot 1772, noch vor der russischen Reise geschrieben), unveröffentlicht, vielleicht nicht einmal zu Ende redigiert sind. An seine Tochter schreibt er 1781: »Ob ich in Maßen arbeite? Ich tue gar nichts. Meine Werke habe ich fast alle beisammen. Es fehlen mir nur zwei oder drei, die Sie mir zu Bedingungen geben werden, die Ihnen genehm sein sollten.«[6] Es dürfte sich dabei um Arbeiten handeln, die erst Jahre später aus dem Nachlaß veröffentlicht wurden.

Im Februar 1784 erleidet der gealterte und seit längerer Zeit geschwächte Diderot einen Schlaganfall, von dem er sich noch einmal zu erholen scheint; am 30. Juli 1784 stirbt er unerwartet und rasch, kurz nach einer Mahlzeit, noch am Tische sitzend. Von einer Rückkehr in die offenen Arme der Kirche, wie gelegentlich verbreitet wurde, kann keine Rede sein.

Es täuscht sich, wer meint, daß Diderot, der »philosophe« par excellence, kein einzelnes Werk hinterlassen habe, dem man überragenden Rang zubilligen würde, kurz, daß das eigentliche Meisterwerk fehle. Einzelnes, wie die Dialoge, ist unvergleichlich, gehört aber vielleicht im Sinne von Diderot selbst zu dem, was er ironisch die »petits papiers« nannte. Dann muß man das Ganze nehmen, die Vielfalt, die Beweglichkeit, die Spontaneität, die darin sichtbar werden und die allen systematischen Positionen spotten. Genau genommen, ist Diderot einer der großen Essayisten der europäischen Literatur — auch bei Montaigne sind wir kaum versucht, einem einzelnen Essay eine über alle anderen weit hinausgehende Bedeutung zuzusprechen. Bei Diderot stellt sich eine solche Versuchung womöglich eher ein: Mag man die *Enzyklopädie* als leider bald schon wieder überholt, einige Erzählwerke als zweitrangig, philosophische Positionen gelegentlich als inkonsequent beurteilen, so bleiben neben einigen anderen Schriften der »Neveu de Rameau« (»Rameaus Neffe«) wie der »Rêve de d'Alembert« (»Der Traum d'Alemberts«) Meisterwerke ganz eigener Art, die nach wie vor die Nachwelt beschäftigen.

In einigen Fällen ist es so, eben wegen der Zensur, leicht verständlich, daß Diderot die abgeschlossene Arbeit zurückhielt, in anderen ist es nicht einfach zu begreifen. Er wurde dadurch für die bedeutendsten Schriften zu einem »postumen« Autor, dessen Entwicklung wir überdies fast nur seinen Werken entnehmen können. Diderot hat nicht nur seiner Zeit Genüge getan, er hat auch für die Nachwelt geschrieben. Er war zu Lebzeiten nicht verkannt, aber in wesentlichen Zügen und Werken unbekannt. Umso aufregender gestaltete sich dann die Entdeckung, nicht zuletzt in den deutschen Ländern der klassisch-romantischen Epoche. Auf diesen Entdeckungen vor allem beruht auch die anhaltende Nachwirkung Diderots.

Doch sind es keineswegs nur die Themen und die herausfordernden Ansichten Diderots, die seine Wirkung begründen, es ist nicht zuletzt seine Denkweise selbst, der experimentelle Charakter mancher seiner Schriften, ein konsequentes Denken in der essayistischen und aphoristischen Tradition. Die im Denken, durch das Denken freigesetzten Ideen scheinen sich gewissermaßen selbständig zu machen, und der Autor verfolgt ihre rasche und eigenwillige Bewegung mit einer neugierigen, von eigener Überzeugung gleichsam freien Anteilnahme. Die literarischen Formen dieses Denkens sind vor allem Brief, Essay und Dialog, diese aber erscheinen als Entwürfe, Fragen und Erkundungen, und noch die moralische Beispielerzählung wird bei Diderot zum Essay, der Essay wird zum Gespräch, und die Antwort erteilt nicht der Autor, der aufmerksame Leser soll sie finden.

Erster Teil

Der Moralist

Diderot ist nicht einfach ein Autor der Aufklärung, weil er ihre Thesen und Forderungen inhaltlich vertritt, er ist es vor allem, indem er sie als Autor praktiziert und den Leser sozusagen mündig zu machen trachtet. Mit seiner Denkweise hängt auch das Verfahren des Schriftstellers Diderot zusammen, das eines Moralisten, der an die Einsicht der Leser appelliert; er nimmt keine Entscheidung bevormundend vorweg, er überläßt es dem Leser und Zuhörer, seine Schlüsse zu ziehen.

Als »philosophe« ist Diderot ein Moralist besonderer Art. Er ist es freilich nicht in dem engen Sinne eines strengen Vertreters sittlicher Normen, und man kann auf die bei uns spätestens seit Nietzsche übliche Bedeutung, wie sie der Tradition der französischen Meister des Aphorismus entspricht, nicht einfach zurückgreifen, wenn auch die Nähe zu Montaigne zuweilen erkennbar wird, wenn es auch von Diderot Ansätze zu einem im engeren Sinne aphoristischen Denken gibt, so in den »Pensées philosophiques«. Wir sprechen von den bedeutenden Moralisten aber auch als den aufmerksamen und kritischen Beobachtern der menschlichen Schwächen und Leidenschaften wie der politisch-sozialen Verhältnisse, die nicht selten eine konsequente Psychologie der Entlarvung betreiben und die Eigenart des philosophischen Schriftstellers als die eines Beobachters und Analytikers verstanden haben, der sich von den Erscheinungen der Menschenwelt nicht mehr täuschen läßt, der die Natur dem Gesetz, die Vernunft dem Brauch, das Gewissen der Meinung und das

31

Urteil dem Irrtum entgegensetzt (Chamfort).[1] »Moral« bezieht sich auf das, was wir im Deutschen als Geist, Seele und gesellschaftliches Verhalten begreifen. In dieser Bedeutung darf man den Schriftsteller Diderot sehr wohl einen Moralisten nennen, einen Beobachter der menschlichen Leidenschaften und Verhaltensweisen, der Schwächen und des Glücksverlangens des Menschen, seiner gesellschaftlichen Zwänge, seiner Laster, seiner Tugenden. Zuweilen nimmt er beinah ein Thema Montaignes auf und behandelt die Unbeständigkeit des öffentlichen Urteils, aber nicht in der Form des Essays, der mit Anekdoten und Zitaten angereichert wird, sondern indem er das Problem in eine gesprächsweise vorgetragene Erzählung überführt, die Beispielcharakter erhält und als solche den damals weit verbreiteten »contes moraux« zuzurechnen wäre.

Bei Gelegenheit hat Diderot selbst das moralistische Moment in der Literatur reflektiert, so in seiner Widerlegung der Schrift »De l'homme« von Helvétius, wo er von drei Stilarten spricht. Er unterscheidet dabei den klaren, einfachen, farblosen Stil des Geometers von dem majestätischen, harmonischen, vornehmen, bilderreichen Stil des Autors der Naturgeschichte und nennt hier Buffon, wie er zuvor an d'Alembert erinnerte. Die dritte Stilart aber ist heftig, sie rührt und verstört, neigt zu Zartheit oder Unmut, sie entfacht oder beruhigt die Leidenschaften. Dies ist der Stil des Moralisten, der Stil Rousseaus.[2]

Auch gibt es für Diderot, so gesteht er, Momente der Unvernunft, die er zu schätzen weiß, wenn sie nämlich das Denken anregen, das sich für die Gemeingut gewordenen Wahrheiten gar nicht mehr interessiert. Abermals widersetzt er sich dem Fixierten und Gewohnten, sind wir doch selbst nicht fixierbar: »Tout s'est fait en nous parce que nous sommes nous, toujours nous, et pas une minute les mêmes.«

Dieses erregende Element, das den Widersprüchen des Gespräch eignet wie den Widersprüchen und Ungereimtheiten in uns selbst, überträgt sich auch auf die Erzählungen des Moralisten, der niemals aus gelassenem, dem epischen Abstand erzählt, sondern aus einer Gesprächssituation heraus, so daß der Leser als Zuhörer schon in die Erzählung selbst gewissermaßen hineingenommen wird. Diderot demonstriert nicht, er führt etwas vor und veranlaßt zur Stellungnahme, er ficht die Vorurteile an, zeigt Unvernunft und Willkür wie die Ungerechtigkeit der herrschenden Ansichten. Jeder Anlaß scheint ihm recht zu sein, sei es eine Begebenheit in der guten Gesellschaft, sei es ein Kriminalfall, eine Testamentsvollstreckung oder gar der Reisebericht, den Bougainville nach der Rückkehr von seiner Weltumsegelung vorgelegt hat.

So kommt es auch, sokratisch eigentlich, zu Überschriften, die einer Erzählung im konventionellen Sinne nicht gut anstehen, wie »Est-il bon? Est-il mauvais?« oder sogar schlicht: »Ceci n'est pas un conte«; »Entretien d'un père avec ses enfants« lautet ein Titel, aber Diderot fragt auch einfach, in einer Überschrift sich bereits dem Leser zuwendend, »Wie denken Sie darüber?«.

Gerade die so überschriebene Erzählung, eine Skizze eher, zeigt Diderot in einer gewissen Nähe zu Voltaire, doch wenn man will auch in entsprechender Nähe zu Lessing und seiner Parabel vom Tempelbau, die er im Zusammenhang mit der Veröffentlichung der »Fragmente eines Ungenannten« entwirft. Damit ist auch das Sujet schon angegeben: Kritik an der Religion oder zumindest doch an ihrer Überlieferung.

Ein Mann, so berichtet Diderot, wird eines Tages an das Ufer eines fremden Landes verschlagen. Das Gestade sagt ihm zu, er hat Lust, dort zu bleiben, und erkundigt sich nach der Lage und nach dem Beherrscher des Landes. Die Antwort ist vollkommen überzeugend: Er erfährt, daß er sich in den Ländern des wohltätigen Geistes befindet, der das gegenüberliegende Ufer bewohnt. Er sei an diesen Strand gegen seinen Willen und auf Anordnung jenes

Geistes gespült worden, von dem erläuternd noch bemerkt wird, daß er die Eigenart besitze, Menschen glücklich zu machen; in solcher Absicht läßt er die Fremden Schiffbruch erleiden. Diejenigen, die nicht dabei ertrinken, nimmt er in seinen Schutz und schließt sie für eine Weile in diesem Lande ein.

Ehrwürdige alte Männer sind die Minister des unsichtbaren Geistes und Herrschers; sie haben den Auftrag, den Untertanen seinen Willen kundzutun und seinen Gesetzen Respekt zu verschaffen. Dann ist auch noch von den Bedingungen die Rede, die erhoben wurden, damit man in diesem Lande glücklich leben kann. Bedingungen? fragt der Fremde überrascht, er kam ja schließlich nicht aus freiem Willen, sondern auf fremdes Geheiß. Aber eben deshalb hat er auch die Freiheit nicht mehr, die geltenden Bedingungen zurückzuweisen. Das Wort bereits scheint eine Lästerung zu sein: »[...] hüten Sie sich, an die Freiheit zu glauben, denn damit würden Sie an der großen Güte des Geistes Zweifel äußern [...]«[3], wird ihm bedeutet.

Darüber hinaus erfährt der Fremde, daß er die alten Männer mit »Hochwürden« anzureden habe; nur noch ein einziger Mann ist über diese drei ehrwürdigen Männer gesetzt, der höchste Geist hat ihn den Diener der Diener genannt, denn er ist voller Gerechtigkeit und Weisheit, unfehlbar ist er auch. Paralogische Erklärungen und etliche Tautologien verwirren den Fremden nicht wenig; nicht minder verwirrend ist, daß dann ein großer Lärm, Schreie des Schmerzes und der Freude vernehmbar werden und er darauf die folgende Erklärung anhören muß: »Der Geist gestattet von Zeit zu Zeit, um die Geduld seiner Untertanen und ihr Vertrauen zu ihm auf die Probe zu stellen, daß sie erschlagen werden, während sie seine Güte, Milde und Gerechtigkeit loben. Diese Ehre ist nur seinen liebsten Kindern vorbehalten.« Nichtsdestoweniger haben alle seine Kinder an seine Vollkommenheit zu glauben, das haben sie schließlich während ihres ersten Schlafes gelobt.

Auch das ist überraschend für den fremden Gast; schwört man in diesem Lande denn im Schlaf? Was ist das für ein Schwur, von dem man eigentlich nichts weiß? Man ist deswegen doch nicht weniger gebunden, muß er sich belehren lassen. Ohne diesen Schwur wird man nicht eingebürgert, und die Erklärung ist simpel genug: Sobald ein Fremder in die Gegend gelangt, wird er empfangen. Zwei Bürger, die mit den Sitten und Gesetzen gut vertraut sind, stellen sich neben den Schlafenden zu beiden Seiten auf, der Schlafende wird sodann belehrt und befragt, die beiden Ausgewählten sprechen an seiner Stelle das Gelöbnis, durch welches er sich verpflichtet, für die Dauer seines Lebens den Gesetzen und Forderungen des Glaubens nachzukommen.

Der Fremde meint, man wolle sich über ihn lustig machen; er will wissen, wozu er denn verpflichtet worden sei. Zu nicht eben wenig, muß er erfahren. Er hat zu glauben, daß der Geist drei Köpfe hat und daß ein einziger Geist diese drei Köpfe belebt, daß er voller Gerechtigkeit und Güte ist, daß er seine Untertanen liebt und sie nur zu ihrem eigenen Wohle unglücklich macht, sei es durch eigene Schuld, sei es durch die der anderen, daß sein Herz allen Leidenschaften verschlossen, der Schmerz, den er leidet, keiner ist, so wenig wie die Freude, die er zeigt, auch Freude ist, denn seine Seele ist von solcher Vollkommenheit, daß sie nur scheinbar zu erschüttern ist. Überdies gibt es zwölf Folio-Bände, welche die angeführten Verpflichtungen im Auszug enthalten, die der Interessierte auch auswendig lernen darf, obschon mit der Warnung, wenn er nur ein einziges Wort falsch auszulegen wage, so sei er ohne Gnade verloren.

Verwirrt und betroffen macht sich der Fremde auf den Weg in die Stadt, wo er von verschiedenen Personen die gleichen Auskünfte erhält. Er sieht, daß er die Insel nicht verlassen kann und entschließt sich, im allgemeinen so zu handeln wie die anderen Einwohner auch.

Als er sich nun eines Tages auf einer Planke am Strand ausruht, trägt ihn die Strömung langsam fort, und er gelangt an das gegenüberliegende Ufer. Hier, sagt er sich, wird er endlich den merkwürdigen Geist zu Gesicht bekommen. Nach längerem Suchen findet er ihn, oder, wie der Erzähler bemerkt, er findet ihn nicht. Die Berichte der Entdeckungsreisen geben darüber keine Auskunft. Es wird fortan im Konditional weitererzählt. Wenn er ihn gefunden hat, so wird er ihm wohl gesagt haben, wenn er wüßte, was man am anderen Ufer von ihm erzählt, so würde er gewiß herzlich lachen. Wie sollte er auch glauben, was man von ihm, von seiner Gnade und Güte berichtet; sogar an seiner Existenz habe er bereits gezweifelt.

Der Geist hat dann wohl gelächelt über die Unbefangenheit seines Besuchers und ein wenig spöttisch bemerkt, es sei ihm gleichgültig, ob er und seinesgleichen an seine Existenz glaubten oder nicht. Und nicht zu ihrem Wohl noch Wehe hätten sie diese Gegenden durchwandert oder bewohnt, denn wenn man sich einmal auf dem Wege befindet, gelangt man notwendig in jenes Land; der Weg führt nirgend anders hin. Viel wäre noch zu sagen, aber er habe schließlich noch anderes zu tun, als Narren wie ihn zu belehren. Er solle es sich nur bequem machen, »bis Zeit und Notwendigkeit über dich wieder bestimmen«.

Beruhigt folgt der Fremde diesem Rat und mag sich gesagt haben, er habe schließlich angenommen, daß, wenn an diesem anderen Ufer ein Geist zu Hause sei, sich dieser gewiß gut und nachsichtig zeigen werde, so daß es nicht zu Zwistigkeiten kommen müsse. So scheint es gewesen zu sein. Auf jeden Fall, sagt sich der also Bekehrte oder Nicht-Bekehrte, »gibt es nichts Besseres, sich vor Täuschung und Irrtum zu bewahren, als immer wahr zu sein gegen sich selbst«.

Der Erzähler »zitiert« nun noch einmal den Titel und fragt, vermutlich skeptisch lächelnd: »Wie denken Sie darüber?«

Die Fiktion gestattet es, bei aller durchsichtigen Analogie, den Erzähler in einem gewissen Abstand zu halten und den direkten Angriff auf das Christentum zu vermeiden. Zweifel, Einwände, Unglauben, ja Empörung werden an einen fiktiven Dritten delegiert, der schließlich Nachsicht findet — am anderen Ufer.

Geburt, Taufe, die Glaubenssätze und die Intoleranz einer mächtigen Religion sind kaum verhüllt in den Text eingegangen, aber doch nicht, um einfach verspottet zu werden. Komisch wirken die theologischen Erklärungen erst durch ihre Häufung und durch die Art der Begründung. Der unversöhnlich gewordene Zwiespalt zwischen Glaubensforderung und Vernunftanspruch wird aufgerissen, zu einer Zeit jedoch, wo die Vertreter des Glaubens noch im fast unangefochtenen Besitz ihrer Machtfülle sind und ihre Bevormundung nur von wenigen erst empfunden wird: findet doch der Fremde niemanden, dem das Glaubensgebot so sonderbar vorkommt wie ihm, so daß er allein mit seinen Zweifeln bleibt. Die aber peinigen ihn nicht weiter, er arrangiert sich sogar mit dieser Situation, da es doch sinnlos ist, als einzelner mit subjektiven Vernunftgründen gegen ein religiöses System aufzubegehren, dies umso mehr, als auf diese Weise auch gar nichts zu ändern ist.

Was dem einzelnen komisch oder widersprüchlich erscheint, ist deswegen noch nicht widerlegt; wäre es zu widerlegen, so müßte erst noch der Partner gesucht werden, dessen Vernunft an diesem Denkprozeß teil- und die Erkenntnisse aufnimmt, seien diese auch zunächst nur negativ. Ebendiesen sucht der Erzähler offenbar im Leser, der durch Titel und Schlußsatz provoziert werden soll.

Dabei ist sich der Erzähler der eigenen Unzulänglichkeit faktisch oder auch nur scheinbar (also taktisch) bewußt: Keinesfalls läßt er in dem als möglich dargestellten Gespräch des zweifelnden Fremden mit dem Geist vom anderen Ufer jenen als aufgeklärten,

37

mutigen Sohn der Vernunft auftreten, der Lob und Anerkennung für die Verweigerung des Aberglaubens findet. Er wird auch nicht von einer Vernunftgottheit gelobt, sondern nur mit Nachsicht behandelt, seine Überzeugungen wirken gar ein wenig kindisch.

Anstatt direkt anzugreifen, läßt der Erzähler Überlegungen anstellen, dies mit dem Resultat, daß sich die widerspruchsvollen Glaubenslehren vor den Einsprüchen der Vernunft kaum dürften rechtfertigen lassen. Darüber hinaus wagt er affirmativ nichts zu sagen, er stellt lediglich Vermutungen an. »Wahr zu sein gegen sich selbst«, das ist die einzige Möglichkeit, sich von Aberglauben und Täuschung freizuhalten. Die Vernunft vermag hier, auf dem Felde der Religiosität, keine neuen Wahrheiten zu setzen, sie vermag sich auch nicht selbst an die Stelle der Religion zu setzen, sie kann nur Täuschung und Irrtum als solche durchschaubar werden lassen. Sie setzt also keine neuen Inhalte, aber sie zwingt die überlieferten, sich zu rechtfertigen und die in ihnen liegende Unduldsamkeit aufzugeben. Religiös vermittelte Herrschaft erscheint, unabhängig von dem mit ihr verknüpften Wahrheitsanspruch, als nicht mehr zu rechtfertigende Bevormundung; sie widerspricht sogar der proklamierten Güte des vollkommenen Geistes. Der Erzähler verzichtet in diesem knappen Parabelstück darauf, weiteren Mißbrauch von Herrschaft, Ausbeutung und Ungerechtigkeit anzuprangern. Im Gegenteil, das Land, in dem der Fremde angekommen ist, erscheint als höchst attraktiv, gut regiert und von offenkundigen Mißständen nicht gekennzeichnet.

Diderot versagt sich zusätzliche Kritik an den Erscheinungsformen der skizzierten Theokratie. Daß eine Sache durch den mit ihr getriebenen Mißbrauch alleine noch nicht gleich widerlegt ist, weiß er nur zu gut — dann würde die rasche Abschaffung der Mißstände auch die absurde Herrschaft neuerdings legitimieren. Ihm aber geht es um die Legitimation selbst. Wären die Menschen nun weniger glücklich, wenn man ihnen die Glaubensregeln nähme? »Wie denken Sie darüber?«

In der »Unterhaltung eines Philosophen mit der Marschallin von C.« hat Diderot das Thema noch einmal aufgenommen und sich als den Atheisten dargestellt, der zum Erstaunen der gläubigen Weltkinder, die eine Art von Handel mit dem höchsten Wesen treiben (wer ist schon ein Heiliger?), seiner eingestandenen Gottlosigkeit zum Trotz ein lebhafter Verteidiger der Tugend wie der Menschlichkeit ist. Nur ist dies für ihn kein Widerspruch, indes für den eifrigen Christen Gutes zu tun wesentlich von den Erwartung abhängt, die man als Lohn und Strafe in ein angenommenes Jenseits projiziert. Aber der Philosoph weiß, daß die Geringfügigkeit der Sühne zur Untat reizen kann. Das herrschende System »schickt den Schuldigen zu Gott, um Verzeihung zu bitten für das Unrecht, das er den Menschen getan hat, und erniedrigt die natürlichen und moralischen Pflichten, indem es sie eingebildeten Pflichten unterordnet«[4]. Was zum Beispiel ist entsetzlicher, fragt er: die Verunreinigung eines heiligen Gefäßes oder die Verleumdung, die den Ruf einer anständigen Frau untergräbt? Das eine ist als Kirchenschändung strafbar, ist ein Sakrileg, das andere wird nicht weiter verfolgt, denn das bürgerliche Gesetz, das Verleumdung kaum beachtet, straft Kirchenschändung mit dem Feuertod und vollendet zugleich die Verwirrung der Begriffe und die Verderbnis der Menschen. Immerhin gibt der Philosoph zu, daß religiöse Vorstellungen, die gewiß manchen Menschen verdorben haben, andere wiederum haben besser werden lassen. Will er den Menschen ihre Religion nehmen, muß er sich fragen lassen. Nein, er möchte es jedem gestattet sehen, auf seine Weise zu denken, vorausgesetzt, daß man ihm dann auch die seine läßt. Überdies haben diejenigen, die in der Lage sind, sich von Vorurteilen frei zu machen, es nicht nötig, sich »bekehren« zu lassen.

Vorurteile, das heißt also Aberglauben, doch: Ist der Mensch überhaupt fähig, ohne einen solchen zu leben, wird der Philosoph gefragt, und er erwidert: »Nein, solange er unwissend und feige ist.«

Unwissenheit und Mangel an Mut, das sind auch für I. Kant die Hauptwiderstände gegen jede Form von Aufklärung. Vor Irrtümern ist niemand geschützt, Aberglauben aber ist etwas anderes, ist praktizierte und geduldete Täuschung. Deshalb besteht Diderot darauf, daß Ehrlichkeit sich selbst gegenüber das wichtigste ist und sozusagen alles, was man verlangen kann. Dann ist es auch möglich, so zu leben, als ob der Geist vom anderen Ufer wirklich existierte. Schließlich ist es wichtiger, menschlich zu handeln, als religiöse Grundsätze oder Glaubensvorschriften zu erklären bzw. zu bestreiten.

Ebendieses Verhalten des Menschen wird von Diderot in den moralischen Erzählungen und Gesprächen immer wieder behandelt, sei es nun das sonderbare Beispiel einer weiblichen Rache, sei es der bewundernswerte Stolz einer großgearteten und vielgepriesenen Frau, welche die nur aus Schwäche erfolgte Untreue ihres eher unglücklichen als skrupellosen Mannes aufgrund der bei der Eheschließung getroffenen Vereinbarung mit der definitiven Trennung beantwortet, an der schließlich ihr Kind wie auch sie selbst zugrunde gehen. Indessen macht das öffentliche Urteil den Ehemann gewissermaßen zu ihrem Mörder und richtet ihn auf diese Weise ebenfalls zugrunde. So wächst sich ein nicht zu schwerer Fehler, ein Fehltritt, ins Gigantische aus, und ebendiese Verirrungen interessieren Diderot als Erforscher der menschlichen Irrtümer und Leidenschaften, als Moralisten. Hier, in der Beispielerzählung von der Unbeständigkeit des öffentlichen Urteils, wird Charakterstärke zu Grausamkeit, wie Leidenschaft zu Schwäche werden kann.

Diderot hat sehr wohl gesehen, in welchem Maße die Einrichtung der Welt »gebrechlich« genannt werden muß, er hat deswegen nicht den Umsturz des Bestehenden gepredigt. Denn daß die immer anfechtbare Ordnung nicht durch ein willkürlich sich formierendes subjektives Rechtsempfinden ersetzt werden kann, ohne den Streit aller gegen alle zu entfesseln, das hat er erkannt.

Daß wir die Vorzüge des gesellschaftlichen Zusammenlebens durch falsche Rücksichtnahmen, durch Einschränkung und durch Verlust unseres ursprünglich natürlichen Empfindungslebens erkaufen, daß Aufwand und Luxus den unverbildeten, auf das Natürliche gerichteten Geschmack korrumpieren, Habgier und Eigennutz eher anstacheln als zähmen, war Diderot sehr wohl bewußt. Daß Wohlstand bürgerlich-bequem und überaus eigennützig machen kann, davon hat Diderot auch in dem »Bedauern über meinen alten Hausrock« als einer ihn gegebenenfalls auch bedrohenden Gefahr gesprochen. Deswegen nun vorsorglich Wohlstand und Bequemlichkeit gleich abzuschaffen, ist ihm nicht in den Sinn gekommen. Dies wäre die Haltung des Eiferers und Schwärmers, ja, des Fanatikers.

In dem »Gespräch eines Vaters mit seinen Kindern«, das von der Gefahr handelt, »sich über das Gesetz zu stellen«, ist nicht allein von der Verantwortung die Rede, die ein angesehener Bürger übernimmt, wenn er als Testamentsvollstrecker fungiert und sehen muß, wie die berechtigten Ansprüche im Elend lebender ehrlicher Verwandter durch ein später aufgetauchtes Testament zugunsten eines hartherzigen Reichen zunichte gemacht werden; es ist von der Differenz die Rede, die zwischen Recht und Gerechtigkeit besteht, zwischen Menschlichkeit und Gesetzlichkeit. Der Bruder, der Abbé, pocht auf den Buchstaben des Gesetzes und kann die Skrupel des Vaters, der ja das zufällig von ihm aufgefundene spätere Testament gefahrlos hätte vernichten können, gar nicht begreifen. Der Philosoph hingegen kann nur beklagen, daß der Vater diesen Skrupeln nicht doch nachgegeben hat. Für den Weisen gibt es, genau genommen, keine Gesetze, läßt er den Vater

41

wissen, der ihn ermahnt, leise zu sprechen. »Bei allem gibt es Ausnahmen. Er allein entscheidet, ob er sich in einem bestimmten Fall dem Gesetz unterwerfen muß, oder ob er sich darüber hinwegsetzen kann.« Der Vater weiß, was das bedeutet: »›Ich wäre nicht böse‹, antwortete er mir, ›wenn in einer Stadt ein oder zwei Bürger lebten wie du. Aber ich würde auswandern, wenn sie alle so dächten.‹«[6]

Frühe philosophische Arbeiten

Der kommentierenden Übersetzung von Shaftesburys »Inquiry« als »Essai sur le mérite et la vertu« (1745) läßt Diderot im folgenden Jahr die erste selbständige philosophische Arbeit folgen, die »Pensées philosophiques«, ein bewußt unsystematisch konzipiertes Werk aus einzelnen abgelösten, aphoristisch erscheinenden Stücken, was es möglich macht, mühelos auch das Sujet zu wechseln und vor allem die verfänglichsten Gedanken rasch durch andere wieder auszubalancieren und unter dem Anschein prinzipieller Rechtgläubigkeit recht verwegene Thesen vorzutragen. Die Kritik hat dieses Vorgehen sehr wohl bemerkt, und die Täuschungsmanöver waren, so gesehen, nicht nötig; man darf aber annehmen, daß der Verfasser daran seinen literarischen Spaß haben konnte, zumal dergleichen auch eine wunderbare Stilübung ist.

Diderot spricht zunächst von den Leidenschaften und der Bedeutung, die sie für das Handeln, die Sitten, die bedeutenden geistigen Hervorbringungen der Menschen besitzen — wie auch für die Tugend. Sie machen den Menschen größer, kurz, ohne sie gibt es nichts Erhabenes. Starke Leidenschaften sind zu bewundern, doch gilt es, unter ihnen eine Harmonie zu erlangen und sich vor ihrer zerstörerischen Unordnung zu bewahren. Unversehens werden nun aus den »passions« Lebensregungen und Charakterzüge überhaupt, Hoffnung und Furcht, Ehrgefühl und Liebe zum Leben, Neigung zum Vergnügen und Sorge für die Gesundheit; und wenn man hier den »gesunden« Ausgleich fin-

43

det, dann gibt es keine Freigeister (Libertins), keine Zaghaften und keine Unbesonnenen.

Da der Verfasser wenig später zu Fragen der Intoleranz, zur Gottesvorstellung und Religion übergeht, gewinnt man den Eindruck, die Eröffnungsstücke über die Leidenschaften dienten nur der Bemäntelung, zumal auch später im Lauf der »Pensées« nicht mehr auf dieses Thema eingegangen wird. In der Tat, es geht Diderot um etwas anderes: »Es gibt Leute, von denen man nicht sagen darf, daß sie Gott fürchten, sondern eher, daß sie vor ihm Angst haben.«[1]

Das also beschäftigt Diderot: die verbreitete, wiewohl immer wieder verschleierte, Vorstellung von einem strafenden und rächenden, von einem grausamen Gott. Wie kann denn ein Gott, den man gütig nennt, Vergnügen daran finden, sich in den Tränen der Menschen zu baden? Es ist der bloße Aberglaube, der aus dem Gott mal ein barmherziges, mal ein grausam-strafendes Wesen macht.

Der Aberglaube hat es nur mit einem eingebildeten höheren Wesen zu tun; der Aberglaube, das ist nun die Pointe, zeigt sich Gott gegenüber viel ungerechter, als dies der Atheismus tut. Der Gedanke, daß es Gott nicht gebe, versichert Diderot, hat noch niemanden erschreckt, wohl aber der, daß es einen Gott gibt, der so ist, wie man ihn darzustellen pflegt. Er läßt nun einen Atheisten zu Wort kommen, dessen Bekenntnis darin besteht, daß es von Ewigkeit her eine Materie gibt, die sich zu bewegen und zu dauern in der Lage sei, daß die Wunder der physischen Welt eine gewisse Intelligenz verraten, aber die Verwirrungen in der moralischen alle Ideen von einer Vorsehung zunichte machen. So erklärt sich auch die Behauptung Diderots, daß die Resultate der Naturwissenschaft dem Atheismus und Materialismus am härtesten zugesetzt hätten: Die Intelligenz in der Materie wird einer »abergläubischen« Gottesvorstellung nicht nur, sondern eben auch dem dogmatischen Atheismus entgegengesetzt. Es finden sich also in den »Pensées« schon die Keime späterer Gedanken Diderots, auch wenn er in ihrer Behauptung dann als Atheist auftritt.

Diderot unterscheidet drei Arten von Atheisten: Die einen versichern, daß Gott nicht existiert und denken auch so; dies sind die wahren Atheisten. Viele aber wissen nicht, was sie in dieser Hinsicht denken sollen, dies sind die skeptischen Atheisten. Sehr viel mehr noch möchten wohl von der Nicht-Existenz Gottes überzeugt sein, sie tun auch so, als ob sie davon überzeugt wären und leben dementsprechend; dies sind die prahlerischen Atheisten. Ihnen aber gilt die Verachtung des Verfassers, sie heucheln bloß; die wahren Atheisten behauptet er zu beklagen, denn ihnen ist aller Trost erstorben, doch er bittet Gott für die skeptischen Atheisten: Es fehlt ihnen, heißt es ironisch den Gedanken weiter treibend, die Einsicht.

Dergestalt läßt sich der Skeptizismus zugleich behaupten und beklagen; er ist überhaupt nicht für jedermann, er setzt eine genaue und von eigenen Interessen freie Prüfung voraus. Diderot wendet sich gegen die dogmatische Zufriedenheit und beruft sich dabei auch auf Montaigne. Die Wahrheit zu suchen kann wohl gefordert werden, nicht aber, daß man sie auch finde. Die Zeit der Offenbarungen, der Wunder, der außerordentlichen Botschaften ist vorbei; das Christentum hat dieses Gerüst nicht mehr nötig, erklärt er wie Lessing, der daraus freilich andere Schlüsse ziehen sollte.

Wie zur Beruhigung erklärt Diderot nachdrücklich, daß er römisch-katholischer Christ sei und im Glauben seiner Väter sterben wolle. Dies nennt er sein Glaubensbekenntnis und läßt zugleich durchblicken, daß die Glaubenssätze nicht zu beweisen seien, daß man ihn also nicht Unbeweisbares zu glauben zwingen dürfe. Nun, wäre es beweisbar, so brauchte man es nicht zu glauben, doch sagt sich Diderot dies nicht, versichert vielmehr, daß er,

45

wo er Beweise suchte, nur neue Schwierigkeiten fand, und wo er Gründe für den Glauben entdeckte, da fand er auch die Gründe für den Unglauben.

Das ist nicht alles ganz neu, was Diderot hier formuliert, und er stand mit diesen Ansichten und Einwürfen keineswegs völlig allein, aber ungefährlich war es natürlich nicht. Für Diderot jedoch mag es wichtig gewesen sein, sich in dieser Schrift und in dieser Form über sein Denken zu verständigen und seinen Skeptizismus schreibend zu entwickeln.

In späteren Zusätzen, die Diderot in einem Brief von 1762 erwähnt, findet sich der Satz, der die ganzen Überlegungen auf prinzipielle Weise resümiert: »Wenn die Vernunft eine Gabe des Himmels ist und man vom Glauben das gleiche sagen kann, dann hat uns der Himmel zwei Geschenke gemacht, die unvereinbar und widersprüchlich sind.«[2]

Eine zweite, allegorisch eingekleidete Darlegung des Skeptizismus hat Diderot 1747 als »La Promenade du sceptique« verfaßt, die aber schon vor der Veröffentlichung konfisziert wurde. In ihr ist von drei Wegen die Rede, dem religiösen als dem Dornenpfad, dem der Weltkinder als dem Blumenweg und dem der Skeptiker, die auf der Kastanienallee wandeln. Sie widmen sich dem uneingeschränkten Nachdenken und bekämpfen einander nicht, doch sind sie offenkundig der Wut der Andersdenkenden oder der anderen Nicht-Denkenden ausgesetzt. So bleibt, scheint es, nicht mehr, als das Elend zu erwarten und mit Standhaftigkeit zu ertragen. Die Natur aber ist ein allegorisches Buch, in dem die Menschen, die zu lesen verstehen, zahllose Wahrheiten finden.

In seinem »Brief über die Blinden«, der ihn in eine so schwierige Lage bringen sollte, erörtert Diderot nur kurz Moral und Metaphysik der Blinden, die sich von denen derer unterscheiden dürften, die sehen können (die Wunder der sichtbaren Natur bleiben ihnen nun einmal unzugänglich, sie können im Buch der Natur gewissermaßen nicht lesen), um sodann zu der Frage überzugehen, wie ein Blindgeborener sich Figuren vorzustellen in der Lage sei. Medium seiner Wahrnehmung ist allein das Gefühl; eine gerade Linie läßt sich für ihn nur mit Hilfe eines gespannten Fadens ertasten und im Gedächtnis bewahren. Ein innerer Sinn, der offenkundig auf den Fähigkeiten des Tastsinns beruht, ist den Blindgeborenen in besonderer Weise zu eigen. So, folgert Diderot, ließe sich auch eine ertastbare Zeichensprache vorstellen. Als Beispiel für die möglichen Fähigkeiten eines Blinden beruft er sich auf den englischen Mathematiker Saunderson, der sich eine Rechenmaschine konstruiert und sogar mit Fragen der Optik (!) beschäftigt hatte. Eine außerordentliche Empfindlichkeit zeichnete ihn aus, d.h. wohl ein kompensatorisch entwickeltes Tastgefühl, dessen äußeres Organ die Haut gewesen sein dürfte. Andere leben wie Blinde, aber Saunderson starb wie ein Sehender.

Die Differenzen zwischen Sehen und Fühlen geben Diderot sodann einen Anlaß, die Gewißheit unseres Wissens anzuzweifeln. Abermals beruft er sich auf Montaigne: »Denn was wissen wir? Wissen wir, was die Materie ist? Keineswegs. Wissen wir, was der Geist, was der Gedanke ist? Noch weniger; wissen wir, was die Bewegung ist, der Raum und die Dauer? In keiner Weise [...]. Wir wissen also fast nichts; dennoch, wieviel Schriften gibt es, deren Verfasser alle vorgegeben haben, etwas zu wissen!«[3]

Dem sterbenden Saunderson legt er ein Bekenntnis zum Skeptizismus, dann aber sofort, als letztes, zum Theismus in den Mund. In dieser Hinsicht also war ihm kein Vorwurf zu machen, so wenig wie aus der genauen, an Einsichten reichen Behandlung der Wahrnehmungsweise und Psychologie der Blindgeborenen. Verdächtig wird die Schrift wohl erst, wenn anzunehmen ist, daß Blindheit, über die Diderot so ausführlich und kenntnisreich schreibt, auch in einem übertragenen Sinne verstanden werden kann. Einiges spricht wohl dafür, beweisen läßt es sich nicht.

Die Gedanken »Von der Interpretation der Natur« (1754), schon während der Zeit der Tätigkeit für die *Enzyklopädie* entstanden, zeigen den philosophischen Schriftsteller im vollen Bewußtsein seines Vorgehens, das nun nicht mehr entschuldigt, sondern als den Gegenständen adäquat gerechtfertigt wird. »Von der Natur werde ich jetzt schreiben«, beginnt er, um fortzufahren: »Ich lasse die Gedanken unter meiner Feder einander folgen in eben der Ordnung, in welcher die Gegenstände sich meiner Überlegung dargeboten haben, weil sie so nur besser die Bewegungen und den Gang meines Geistes werden darstellen können.« [4]

Diderot geht von einer einfachen Antithese aus: Von denen, die sich der Natur zuwenden, haben die einen zu wenig Ideen und zu viele Instrumente, die anderen haben zu viele Ideen, aber zu wenig Instrumente. Im Interesse der Wahrheit sollte hier ein Ausgleich gefunden werden. Warum auch soll man die geometrischen Berechnungen durch die Erfahrungen berichtigen? Es wäre besser, sich gleich an die Ergebnisse der Erfahrung zu halten. Vorstellungen, die nicht in der Natur selbst begründet sind, vergleicht Diderot mit den Wäldern des Nordens, deren Bäume wurzellos sind und die ein Windstoß umzuwerfen vermag. Das Erstaunen ist die erste Wirkung, die ein großes Phänomen hervorruft, an der Philosophie aber ist es, dieses wieder zu zerstreuen. »Experimentalphilosophie« soll keine Verwunderung hervorrufen, sie soll unterrichten.

Den Bereich der Wissenschaften vergleicht er mit einer weitgedehnten Landstrecke voller dunkler und hellerer Plätze; Ziel unserer Arbeiten muß es sein, entweder die Grenzen der beleuchteten Stellen auszudehnen oder die Lichtzentren zu vermehren. Das eine leistet das schöpferische Genie, das andere der vervollkommnende Scharfsinn.

Dreierlei Mittel stehen uns zur Verfügung: Naturbeobachtung, Nachdenken und Erfahrung. Die Beobachtung sammelt die

Tatsachen, die durch das Nachdenken verknüpft werden. Die Erfahrung verifiziert die Resultate der Verknüpfung. Die Beobachtung muß fleißig, das Nachdenken tief, die Erfahrung muß genau sein. Selten aber trifft dies alles zusammen. Tatsachen aber, welcher Art auch immer, sind der eigentliche Reichtum der Philosophie. Sie soll sich jedoch nicht damit begnügen, die Fakten einander anzunähern und zu verbinden, sie soll auch neue sammeln.

Diderot geht sehr genau auf die Verfahrensweisen der Naturwissenschaften und auf die Schwierigkeiten ein, welche die Objekte aufwerfen. Immer wieder kommt er dabei auf das Grundsätzliche zurück, auf die Möglichkeiten der Täuschung, auf die Grenzen der Erfahrung, der man ihre volle Freiheit lassen muß. Man darf nicht nur sehen wollen, was dem gewünschten Beweise dient, noch das verschweigen, was ihm entgegensteht. Ein Forscher muß den Mut haben, die Widersprüche hinzunehmen, die seinen Ansichten aus den Gegenständen selbst erwachsen. Die Gefahr ist groß, die Gegenstände nach den eigenen Vorstellungen auszurichten, anstatt seine Vorstellungen von den Gegenständen prägen zu lassen, dies vor allem, wenn man aus Eitelkeit den einmal eingeschlagenen falschen Weg nicht wieder verlassen möchte. Voreilige Verallgemeinerung ist so gefährlich wie die Tendenz, sich in den Einzelheiten zu verlieren.

Diderot findet in diesem Zusammenhang auch zu Formulierungen, die als Maximen für sein weiteres Denken gelten dürfen, so wenn er sagt: »Um eine Hypothese zu erschüttern, muß man sie zuweilen nur so weit vorantreiben, wie es nur geht.« Aber auch die Axiome des gesunden Menschenverstandes und der sprichwörtlichen populären Weisheit muß der Philosoph überprüfen, da wir vor den Erscheinungen der Natur genau wie in den Umständen unseres Lebens ständig in Gefahr sind, uns zu täuschen.

Diderot beschließt seine Schrift mit einer Folge von fünfzehn Fragen, die sich auf Begriff und Verhältnis von Totem und Lebendigem beziehen und in der er immer wieder auf den Begriff der »matière vivante« zurückkommt. Die Frage, warum etwas existiert, ist die am meisten verwirrende, welche die Philosophie sich stellen kann. Allein die Offenbarung vermag darauf zu antworten, setzt er (taktisch und versöhnend?) hinzu. Er erwägt aber auch, da die Frage nach diesem großen Warum nicht zu beantworten ist, ob die lebendigen Moleküle nicht das Leben, nachdem sie es einmal verloren haben, wieder zurückerlangen könnten, es wieder verlieren und so fort ins Unendliche.

Es ist nicht allein die *Encyclopédie*, die auf diese unsystematische, doch klare und konsequente Schrift eingewirkt hat: Die Vorstellung von einer mit Empfindung ausgestatteten, gewissermaßen lebendigen Materie wird Diderot so bald nicht loslassen. Im »Rêve de d'Alembert« begegnen wir ihr wieder.

Die Welt des Wissens

Die *Enzyklopädie*, das gewaltige Unternehmen, das für immer mit Diderots Namen verbunden bleiben wird, ist, mehr als den Zeitgenossen bewußt war, repräsentativ für das Europa des 18. Jahrhunderts. Sie war wissenschaftlich und philosophisch, sie war überdies allgemein verständlich, denn das Wissen sollte nun nicht mehr ein Privileg von wenigen Bevorzugten oder einer herrschenden Schicht sein, ja, man könnte den Eindruck gewinnen, sie sei eigentlich als ein gewaltiges Hausbuch geplant gewesen, als Magazin alles dessen, was sich mit dem Begriff der Aufklärung verbindet.

Zwar drohte das Unternehmen seinen Urhebern über den Kopf zu wachsen, aber es blieb dennoch in der Reichweite ihres Denkens, ihrer Reflexion, der Diderots vor allem, dessen Beweglichkeit, Fleiß und Energie es zu danken ist, daß dieses Werk überhaupt fertiggestellt werden konnte, und der noch andere Eigenschaften mitbrachte, die hier entscheidend waren: Verantwortungsgefühl und Mut. Letzterer war erforderlich, weil der großangelegte Versuch, das vorhandene Wissen zu sammeln, es zu prüfen und zu erweitern, sich durch das Wissen die Welt anzueignen, nicht ganz ungefährlich war. Staatliche und kirchliche Autoritäten hatten kein geringes Interesse an der Einschränkung, gar der Verhinderung dieses Projektes, das sich von allem, was bisher in dieser Hinsicht versucht worden war, so deutlich unterschied, wie Voltaire und Diderot sich von den Kirchenvätern oder polyhistorischen Gelehrten unterschieden.

Wörterbücher und Kompendien hatte es schon früher gegeben; Vincenz von Beauvais wie Roger Bacon hatten im Mittelalter bereits einen scholastischen Weltspiegel entworfen, Bacon von Verulam hatte den Grundriß einer neuen Enzyklopädie aufgezeichnet, Heinrich Altstedt veröffentlichte 1620 in Herborn eine *Enzyklopädie aller Wissenschaften*, aber auf lateinisch — die Gelehrten blieben unter sich. Pierre Bayle jedoch veröffentlichte sein bedeutendes *Dictionnaire* auf französisch, doch erst Ephraim Chambers in London erwartet sich von einer alphabetischen Anordnung, die eine traditionelle und hierarchische Gliederung der Wissensgebiete ablösen sollte, eine praktischere, weil einfachere Verwendung.

Dieses Werk, das ziemlich erfolgreich ist, will der Pariser Verleger Le Breton übersetzen lassen und wendet sich, nachdem er einige Absagen erhalten hat, an Diderot, der das Angebot annimmt und d'Alembert als Mitarbeiter und Mitherausgeber gewinnt. Aber bald muß Diderot erkennen, daß eine bloße Übersetzung nicht ausreicht: Chambers Werk muß nicht allein umgestaltet und erweitert werden, eine völlig neue Konzeption wird erforderlich. So wird die Übersetzungsvorlage zum Ausgang für ein neues Unternehmen, das freilich die Kenntnisse wie die Kräfte von nur zwei Männern weit überfordern würde. Es entsteht nun ein großes Gemeinschaftswerk, die *Encyclopédie ou Dictionnaire raisonné des sciences, des arts et des métiers, par une société de gens de lettres.*

Es handelt sich dabei nicht bloß um eine weitreichende Sammlung, sondern um eine wohldurchdachte Auswahl in kritischer Darstellung, überdies in einer Anordnung, die den kritischen Geist der Herausgeber spiegelt, um die Anwendung einer kritisch verfahrenden Vernunft. Ohne weitere Erklärungen wird die Theologie entthront: Im Vordergrund stehen die Wissenschaften vom Menschen und von der Natur. Empirisch erfahrene Welt, die

52

Gesellschaft und die menschliche Selbsterkenntnis erhalten den Vorrang gegenüber Metaphysik und Religion. Der Mensch erscheint als derjenige, der sich sein Dasein, seine Umwelt und die Zusammenhänge seiner Erkenntnis selbst aufgebaut hat. Die Tätigkeit des Menschengeistes, der die Welt umgestaltet und sich die Gegenstände für die eigenen Zwecke herrichtet, wird zum Mittel der Untersuchung und der Gliederung der weitverzweigten Kenntnisse. Es wird alles auf die Bedürfnisse des Menschen hin ausgerichtet; Bacon und Locke haben die Anordnung der neuen *Enzyklopädie* weitgehend mitbestimmt, worüber sich d'Alembert in seiner vielgerühmten Einleitung ausspricht. Es geht nicht allein um das System der Kenntnisse, sondern auch um die reale gesellschaftliche und ökonomische Welt; die Künste und Wissenschaften haben hier ihren Platz, aber auch die »métiers«, also das Handwerk und die Anfänge der industriellen Produktion. Neben die intellektuellen treten so die praktischen Tätigkeiten, die hier zum ersten Mal in dieser Weise ernst genommen werden.

Es gelingt Diderot, nicht ohne Schwierigkeiten, die erforderlichen Mitarbeiter zu gewinnen, einen Kreis, der die Gegensätze und Spannungen innerhalb des aufgeklärten Bürgertums der Epoche erkennbar werden läßt: Voltaire und Rousseau liegen bald im Streit, zwischen d'Alembert und Diderot kommt es beinahe zum Bruch, und auch mit ihnen ist Rousseau wenig später verfeindet; Diderot entzweit sich mit dem eigenwilligen und ängstlichen Verleger. Andere Mitarbeiter sind Montesquieu, Turgot und Nekker, Condillac, d'Holbach und Condorcet; nur wenige von ihnen überleben die langen Jahre bis zum Erscheinen des letzten Bandes, einige Mitarbeiter kündigen vorzeitig ihre Tätigkeit auf. Immer wieder muß Diderot einspringen und von anderen versprochene Beiträge selbst verfassen. 1750 erscheint der Prospekt Diderots, 1780 liegen dann die 35 Bände vor.

Sie folgen dem wissenschaftlichen Stammbaum, den d'Alembert in seiner Einleitung als »eine Art Weltkarte der Erkenntnisse«[1] bezeichnet; die größtmögliche Vielfalt von Zusammenhängen und Beziehungen der einzelnen Gebiete soll sichtbar werden. Die absichtsvolle Gliederung setzt freilich nicht voraus, daß alle Wissenschaften direkt miteinander verknüpft sind. Wichtiger als die Anordnung sind die kritischen Einzelabhandlungen, das Werk soll ja ein methodisches Sachwörterbuch sein. D'Alembert gibt auch einen historischen Rückblick, in dem er zeigt, wie die jeweiligen Fortschritte bereits eine sachentsprechende Ordnung erkennen lassen. Dabei bezieht er sich auf die seit der Renaissance vermittelte voraufklärerische Tradition, er nennt Bacon, Leibniz, Locke, Newton und vor allem Descartes, um sodann mit einer Wendung gegen Rousseau zu schließen, der den Fortschritt der Wissenschaften für die Verderbnis der Sitten verantwortlich machen wollte.

Dann fährt d'Alembert mit dem Prospekt Diderots fort: Durch die Erfassung der Wissenschaften, der freien wie der mechanischen Künste soll ein Bild von den Leistungen des Menschengeistes in allen Bereichen und Epochen entstehen. Da das beschleunigte Fortschreiten die geleisteten Vorarbeiten als überholt ausweist, gilt es neu anzusetzen; auch fordert der Stand der Kenntnisse und Leistungen, über alle vorliegenden Werke dieser Art hinauszugehen und Fachleute zu gewinnen. Und was so entsteht, ist noch auf Erweiterung und Vervollkommnung angelegt.

Diderot bezeichnet sich und seine Mitarbeiter als Beobachter der Fortschritte, welche die Wissenschaften und die schönen Künste machen; als ihre Berichterstatter und Geschichtsschreiber werden sie diese der Nachwelt überliefern. Künftige Generationen werden sich beim Lesen den damaligen Stand der Wissenschaften und Künste vergegenwärtigen und ihre eigenen Entdeckungen dem hinzufügen, was hier aufgezeichnet worden ist.

Es geht darum, für künftige Jahrhunderte zu schaffen, was die vorausgegangenen für das eigene, das 18., zusammenzustellen versäumt haben. Ausführlich wendet sich Diderot sodann den mechanischen Künsten zu, die nicht weniger Sorgfalt und Genauigkeit verdienen als die sogenannten schönen Wissenschaften. Hier nun gibt es fast keine Vorarbeiten, kaum Hilfsmittel, dafür aber endlos wachsende Schwierigkeiten. Es gilt, die Handwerker bei ihrer Arbeit zu beobachten, sogar sich selbst einmal der Maschinen zu bedienen, um ihre Wirkung kennenzulernen und ihre Produkte zu begreifen. Hier entdeckt Diderot Neuland, das ihn allmählich fasziniert. Er gewinnt Einsicht in die Unkenntnis, in der man sich vielen Gegenständen des alltäglichen Daseins gegenüber befindet — und in die Notwendigkeit, aus dieser Unkenntnis herauszutreten.

Freilich weiß Diderot auch, daß allen Vorsichtsmaßnahmen, allen Anstrengungen zum Trotz Unzulänglichkeiten und Fehler kaum zu vermeiden sein werden; ohne falsche Bescheidenheit erklärt er, die wirkliche Vollendung eines solchen Unternehmens werde das Werk von Jahrhunderten sein: »Jahrhunderte waren nötig, um den Anfang zu machen, und Jahrhunderte werden nötig sein, um ans Ende zu kommen; aber wohlan denn für die Nachwelt und das Wesen, das nie stirbt.«[2]

Fünfzehn Jahre später klingt der Versuch einer Zwischenbilanz, mit dem er die letzten Bände des Unternehmens ankündigt, weit weniger enthusiastisch. Diderot hat unerwartete Erfahrungen machen müssen, Schwierigkeiten hatten sich dort gezeigt, wo er sie nicht vermutet hatte; andere Hindernisse machen ihn pessimistisch, er klagt über Verfolgungen aller Art: Fanatismus, Neid und nicht zuletzt Dummheit sind erfolgreich bemüht gewesen, sein Werk zu beeinträchtigen, ja fast zu verhindern. Er hat Jahre der Beunruhigung und Verleumdung hinter sich, hat aber auch erlebt, daß in Augenblicken der völligen Niedergeschlagenheit sich unerwartet großzügige Hilfe anbot, die ihn, schwärmerisch fast, erklären läßt, daß der Gute einer Begeisterung fähig ist, wie sie der Böse nicht kennt.

Wenn manches Ziel auch schließlich nicht hat erreicht werden können, so sind doch die Voraussetzungen dafür geschaffen worden, daß kommende Generationen sehr viel weiter gelangen. Was als eine Sammlung vorliegender Kenntnisse geplant war, wurde unversehens durch eine Fülle neuer Entdeckungen erweitert, so daß in der Tat mehr geleistet werden konnte als nur eine Zusammenfassung oder eine Bilanz:

»Man kann uns, denke ich, wenigstens nicht abstreiten, daß unsere Arbeit auf der Bühne unseres Jahrhunderts steht, und dies bedeutet immerhin etwas. Der aufgeklärteste Mensch wird darin Ideen finden, die ihm neu sind, und Tatsachen, die er nicht kennt. Möge die allgemeine Bildung so schnell fortschreiten, daß es nach zwanzig Jahren in tausend Seiten von uns kaum noch eine Zeile gibt, die nicht etwas überall Bekanntes sagt! Es ist Sache der Herrscher der Welt, diese glückliche Umwälzung zu beschleunigen; denn sie können den Kreis der Aufklärung erweitern oder einschränken. Gelobt sei die Zeit, in der sie alle begriffen haben, daß ihre Sicherheit darin besteht, über gebildete Menschen zu gebieten!«

Geschickt stellt Diderot seine nicht ungefährliche Tätigkeit so dar, als könne sie bestehende Herrschaft eigentlich nur stützen, er unterstellt den Herrschenden, daß seine und ihre Interessen beinahe identisch seien. Er scheint ihnen zu schmeicheln, während er in Wirklichkeit dazu beiträgt, daß aufgeklärtes Denken ihnen nicht nur kritisch begegnet, sondern sie schließlich als geradezu überflüssig hinstellt. Wer aber wollte so engstirnig sein, sichtbar zu verhindern, daß Wahrheit und Tugend, die Diderot, aufrichtig, als Voraussetzungen für das Glück der Gesellschaft beschreibt, weite, ja weltweite Verbreitung finden?

Diderot ist gewiß überzeugt, für das Wohl der Menschheit gearbeitet zu haben, Wissen und Tugend will er als nicht von einander trennbar verstehen. Jahre hat die Planung und Durchführung des Unternehmens gekostet, den Lohn aber erhofft Diderot für sich und seine Mitarbeiter von einer Nachwelt, die sagen wird, daß ihr Leben nicht umsonst gelebt worden sei.

Von Diderot stammt eine Reihe der Artikel zur Geschichte der Philosophie, er übernahm ferner Artikel auf dem Gebiet der Ästhetik, der Rhetorik und Grammatik, Artikel zur Pädagogik wie auch auf dem Gebiet der Politik — hier meist die gefährlichsten —, hinzu treten dann die beinahe 1000 Artikel aus allen möglichen Bereichen, zur Arithmetik wie zur Anatomie, ja noch über Landwirtschaft und aus dem zoologischen Bereich.

Im Hinblick auf das ganze Unternehmen nimmt dann der Artikel »Enzyklopädie« natürlich eine Sonderstellung ein: Im Rahmen des Unternehmens wird also das Unternehmen noch einmal reflektiert; nicht allein vom Plan ist dabei die Rede, sondern auch vom Verfahren und von der in der Ausführung angewandten Taktik. Das Wort Enzyklopädie, heißt es, bedeutet Verknüpfung der Wissenschaften. »Tatsächlich zielt eine Enzyklopädie darauf ab, die auf der Erdoberfläche verstreuten Kenntnisse zu sammeln, das allgemeine System dieser Kenntnisse den Menschen darzulegen, mit denen wir zusammenleben, und es den nach uns kommenden Menschen zu überliefern, damit die Arbeit der vergangenen Jahrhunderte nicht nutzlos für die kommenden Jahrhunderte gewesen sei; damit unsere Enkel nicht nur gebildeter, sondern gleichzeitig auch tugendhafter und glücklicher werden, und damit wir nicht sterben, ohne uns um die Menschheit verdient gemacht zu haben.«[4]

Der Artikel »Enzyklopädie« enthält, was Diderot durch sein Unternehmen und durch den Blick auf ähnliche Versuche an Einsichten und Erfahrungen hat gewinnen können; er ist sich aller Schwierigkeiten, aber auch aller Möglichkeiten voll bewußt. Es ist eines, die Entdeckungen zu machen, ein anderes aber, sie in

Zusammenhang zu bringen und zu vermitteln, und zwar so, daß sie eine allgemeine und produktive Teilnahme an der Aufklärungsarbeit der Epoche garantieren können. Deshalb sind die Mitarbeiter durch Sympathie verbundene Männer, die ein gemeinsames Interesse an den Angelegenheiten der Menschheit zeigen: Diese Motive nennt Diderot in seinem Glauben an die Tugend die ehrlichsten und dauerhaftesten. Der Begeisterung bedarf es für den Beginn, Hartnäckigkeit aber ist für die Durchführung unerläßlich, auch gilt es, nicht zu zögern und innerhalb eines bestimmten Zeitraums zum Abschluß zu kommen, damit das Werk nicht vor seiner Fertigstellung schon als überholt erscheint. Aber nicht allein die Grenzen unserer Kenntnisse erweitern sich unaufhörlich durch Beobachtung und Experimentalphysik, die Philosophie vergleicht und verbindet sie, so daß auch die Bedeutung der eingeführten Wörter verändert, die Definitionen ungenau oder falsch werden und wir veranlaßt sind, neue Termini einzuführen.

Aber auch im Geiste des Menschen vollziehen sich bedeutende Umwälzungen: Seit die Philosophie zur Herrschaft gelangt ist, hat das Joch der Autorität den Kräften der Vernunft Platz machen müssen, wachsende Einsicht und kritisches Denken erlangen eine korrigierende und zugleich eine emanzipierende Bedeutung.

Diderot weiß sich nicht allein den großen Vorbildern verbunden, er sieht auch, daß wenig gewonnen ist, wollte man lediglich für die Gegenwart planen. Man muß vielmehr, so weit wie dies möglich ist, der Entwicklung vorauseilen und für die künftigen Generationen, nicht nur des eigenen Landes, tätig zu sein versuchen. So gilt es, auch der Sprache als dem bedeutenden Medium der Vermittlung größte Aufmerksamkeit zu widmen, ihre Wandlungen und Bereicherungen zu verfolgen und vor allem auf Klarheit, Genauigkeit und Eindeutigkeit zu achten.

Ein weiteres bedeutsames Problem betrifft den Zusammenhang der Kenntnisse; diese sind auf die verschiedenen Fähigkeiten des Menschen bezogen, und zwar unter resoluter Einschränkung auf das nach den Grundsätzen der Vernunft Erkennbare. Der Mensch rückt daher in den Mittelpunkt; ohne ihn verblaßt und vergeht das erhabene Schauspiel der ganzen Natur, und das Weltall wird stumm. Lebendige Verbindungen zwischen den Menschen und den Dingen ergeben sich aus dem dargelegten Plan. Die Welt ist, scheint es, um des erkennenden und handelnden Menschen willen da. Betrachtend scheint er sie erst hervorzubringen, teilnehmend wirkt er auf sie ein, so wie sie wiederum auf ihn zurückwirkt, der befreit im Mittelpunkt aller Dinge steht — wie auch im Zentrum der *Enzyklopädie.*

Daher beginnt der Artikel »Mensch« mit den Worten: »Es gibt keinen wahren Reichtum außer dem *Menschen* und der Erde. Der *Mensch* ist wertlos ohne die Erde und die Erde wertlos ohne den *Menschen.*«[5] Aber der Mensch existiert nicht ohne seinesgleichen, er ist ein gesellschaftliches Wesen. Diderot wendet sich gegen eine inhumane und abstrakte Isolierung des Individuums; auch der Philosoph hat nicht einzig den Geist zum Gegenstande seiner Beschäftigung, er bringt den Dingen und den Menschen nicht weniger Aufmerksamkeit entgegen. Schon die Bedürfnisse des Lebens fordern den Umgang mit anderen Menschen, das Leben in der Gesellschaft. Deshalb fordert die Vernunft vom Menschen zu erkennen, zu forschen und tätig zu sein, damit er die für das Leben in der Gesellschaft notwendigen Eigenschaften erwirbt.

Diderot bezieht auch Position gegen den intellektuellen Hochmut und die, wie er sie nennt, »gewöhnlichen Philosophen«, die nur auf falsche Weise nachzudenken wissen. Der Philosoph, wie er ihn sich vorstellt (und wie er ihn vorstellt), versteht es, zwischen Zurückgezogenheit und dem Umgang mit Menschen ein Gleichgewicht zu finden, und er besitzt Menschlichkeit.

Besondere Aufmerksamkeit verdient der Artikel »Genie«. In ihm hat sich Diderot in bemerkenswerter Weise von den ästhetischen Traditionen und damit von der klassizistischen Tradition entfernt; was er hier ausführt, ruft für den deutschen Leser Erinnerungen an Hamann, Herder und den jungen Goethe wach. Er stellt fest, daß Geschmack und Genie nicht notwendig zusammengehören, das Genie nennt er ein Geschenk der Natur. Seine Schaffensweise ist eine augenblickliche, also spontane. Der Geschmack hingegen ist ein Produkt der Epoche und des Studiums, er besteht auf der Kenntnis fester Regeln, und nur im Rahmen des Konventionellen bringt er »Schönes« hervor. Diese Art von Schönheit ist ausgefeilt, ausgearbeitet und vollendet. Was aber genial ist, wird zuweilen nachlässig sein und unregelmäßig, vielleicht sogar wild und zerklüftet. Erhabenes und Geniales findet Diderot bei Shakespeare, Racine nennt er »immer schön«, Homer aber reich an Genie wie Vergil an Anmut.

Schließlich gelangt Diderot in diesem Zusammenhang zu einer Bestimmung der historischen Größe: »In den Künsten, den Wissenschaften und den Staatsgeschäften scheint das Genie die Natur der Dinge zu ändern; sein Charakter überträgt sich auf alles, was es anpackt, und seine weit über das Vergangene und das Gegenwärtige hinausgehende Einsicht erhellt die Zukunft, er eilt seinem Jahrhundert voraus, da es ihm nicht zu folgen vermag; es läßt den Geist hinter sich, der es mit Recht kritisiert, aber in seinem gleichmäßigen Gang nie aus der Einförmigkeit der Natur herauskommt.«[6]

Das Genie, meint er weiter, solle lieber selbst sprechen als dergestalt charakterisiert zu werden; mit einer höflichen Wendung spielt er auf Voltaire an und erklärt, es wäre besser gewesen, wenn dieser den Artikel geschrieben hätte. Aber auch auf Diderot selbst treffen seine Bemerkungen zu: Über das Gegenwärtige hinausdrängend, hat auch er mit seinen Einsichten die Zukunft erhellt, auch er eilte ungeduldig seinem Jahrhundert voraus.

So wendet er sich in dem Artikel »Autorität« gegen jede usurpierte Herrschaft und meint damit jede, die nicht durch Naturrecht oder Vertrag gerechtfertigt ist. Die Ausübung von Herrschaft wird von der Zustimmung der Völker abhängig gemacht; Gesetze sollen die fürstliche Autorität einschränken. Das Joch abzuwerfen ist genau so rechtens wie der Akt, mit dem es einem Volk auferlegt worden ist. Das Gesetz, das die Autorität hervorgebracht hat, hebt sie dann auch wieder auf — es herrscht hier das Gesetz der Stärkeren. Die eigentlich legitime Autorität ist in der Souveränität des Volkes begründet, das seine Rechte gewissermaßen nur delegiert; wer herrscht, tut dies in seinem Auftrag. Regierung ist kein privates Gut, sondern ein öffentliches, das einem Volk also nicht genommen werden darf.

Auch seine Verteidigung des Eigentums richtet sich vor allem gegen die Willkür der Herrschenden. Verwerflich sind aber, wie Diderot in dem Artikel »Luxus« ausführt, die allzu rasch akkumulierten Vermögen; die Zurschaustellung des Reichtums wird als subjektive Überlegenheit verstanden und wirkt schädlich. Die Art und Weise, seinen Reichtum zu genießen, muß dem Staat nützlich sein, Eigentum soll der Gemeinschaft dienen, das Wohl eines Standes darf niemals dem eines anderen geopfert werden.

Im Artikel »Gesetzgebung« ist noch einmal davon die Rede; der Gemeingeist soll Vorrang vor jeder Eigentumsbindung besitzen. Plötzlich macht Diderot den Geist des Eigentums als den des Egoismus und der Herrschaft zu einer Quelle vieler Laster. Er weist kritisch auf einen Punkt hin, angesichts dessen Voltaire in seinem *Philosophischen Wörterbuch* noch zu resignieren bereit war und meinte, man müsse sich mit den Gegebenheiten abfinden, die bedeuten, daß die Reichen befehlen und die Armen zu dienen haben. Wenn die Menschen, wendet Diderot ein, in dem, was sie Gutes oder Böses tun, nicht frei sind, hört das Gute auf, gut und das Böse, weiter noch böse zu sein. Wenn unveränderbare Notwendigkeit uns zwingt, das zu wollen, was wir wollen, dann ist unser Wille nicht mehr verantwortlich für unser Tun als die Triebfeder einer Maschine für die ihr aufgezwungene Bewegung. »In diesem Falle wäre es lächerlich, sich darüber aufzuregen, daß der Wille nur so viel will, wie eine andere, von ihm verschiedene Ursache ihn wollen läßt.«[7]

Wie sehr Diderot freilich nicht nur resümiert, argumentiert und kritisch überprüft, sondern Entwicklungen vorzeichnet, deren Erwartung gerechtfertigt ist und die ihm die Hoffnung diktiert, das zeigt gerade der Artikel »Gesetzgeber«. Diderot spricht von dem gemäßigten Patriotismus, der in einem aufgeklärten Staatsverband herrschen könnte, von einem Weltzustand des politischen Gleichgewichts, von wechselseitiger Duldung und Anerkennung im politischen Bereich. Handel und Austausch verbinden die Nationen, machen sie wechselseitig voneinander abhängig und deuten auf mögliche Solidaritäten voraus, die nur dem Frieden dienen können.

Allerdings war es sein Glaube an Vernunft und Tugend, der Diderot zu derlei Erwartungen beflügelte; den Umschlag der naturbeherrschenden und zunächst befreienden Kräfte in eine neue und kompliziertere Form der Abhängigkeit und nur schwer durchschaubarer Bevormundung vermochte er sich noch nicht vorzustellen, noch war ihm das Licht der Aufklärung nur wohltätig und befreiend. Einige Gesetzgeber, so stellt er fest, haben Nutzen aus ihr gezogen, denn sie belehrt über Einzelheiten der Verwaltung, über Mittel für das Wachstum der Bevölkerung, über die Anregung der Gewerbetätigkeit, über die Wahrung geographisch gegebener Vorteile und darüber, wie man sich neue verschafft. Die durch den Buchdruck gewährleistete Aufklärung wird eher noch zunehmen als erlöschen.

»Wenn irgendein Despot seine Nation wieder in Finsternis stürzen wollte, dann würden sich freie Nationen finden, die ihr das Licht wiedergeben würden«, versichert er vertrauensvoll.[8]

Darüber zu lächeln dürfte, trotz allem, unangebracht sein, eher wird man das mit einer gewissen Melancholie zur Kenntnis nehmen. Vielleicht wird man Diderots Vertrauen auch bewundern, aus dem der Enthusiasmus eines Individuums, aber auch der des 18. Jahrhunderts spricht, ohne deswegen schon der Bestimmung zu widersprechen, die Diderot vom Philosophen liefert und in der er von sich selbst zu sprechen scheint: »Der Philosoph erkennt die Ursachen, soweit dies in seiner Macht steht, kommt ihnen auch oft zuvor und stellt sich bewußt in ihren Dienst.«[9]

Zweiter Teil

Ästhetische Schriften

Es besteht kein Anlaß, die kritischen Arbeiten Diderots, die Gemäldebeschreibungen und grundsätzlichen Erörterungen seiner Ausstellungsberichte, die kunsttheoretischen Artikel und Aufsätze als lediglich interessante Nebenarbeiten gegenüber den bekannten Dialogen und Erzählwerken abzuwerten; eher läßt sich behaupten, daß sie nur selten in zureichender Weise gewürdigt worden sind.

Diderot zeigt sich in ihnen nicht minder in seiner ganzen Lebhaftigkeit, Unbefangenheit, Sicherheit und wachsam reagierenden Intelligenz, als wir ihn auch sonst erkennen dürfen, was nicht zuletzt wohl damit zusammenhängt, daß er hier, zumal in den »Salons«, nicht weniger in seinem Element, seinem Metier ist. Er bleibt deshalb auch bei der oftmals sehr detaillierten Beschreibung nicht stehen, er setzt die Szene in Handlung um, wenn das Gemälde ihm dies nahelegt, er imaginiert Gespräche, wendet sich an den Maler selbst und komponiert ein Bild auch einmal korrigierend oder nur versuchsweise weiter; er verhält sich ganz als Künstler, als ein Mann »vom Bau«, aber doch mit dem umfassenden Wissen des gelehrten Philosophen, den der Gegenstand, den er behandelt, nicht nur empfinden, sondern auch denken macht.

Da er als Kenner der Malerei sich nach und nach auch zu einem ihres Handwerks gemacht hat, erörtert er sorgfältig auch die technischen Details, ihr Arrangement, die Wirkung, die sie hervorrufen. Vor den Gemälden von Boucher, Chardin, Fragonard,

Vanloo und Vernet vor allem entwickelt er seine Darstellungen
nicht allein von den einzelnen Gemälden, sondern von der Malerei wie vom Kunstschönen unsystematisch, oft aperçuhaft, doch
deutlicher und auf überzeugendere Art als im Artikel »Beau« in
der *Enzyklopädie*, in dem es ihm jedoch bereits gelingt, sich von
den überlieferten Vorstellungen abzugrenzen, um zu einer Neu-
bestimmung anzusetzen.

Wenn der Artikel »Kunst« noch weitgehend im allgemeinen
sich hält und über die Einteilung in freie und mechanische Künste, also auch über Kunst im Sinn von Gewerbefleiß unterrichtet,
so geht der Artikel »Beau« über die rein sachliche Information
bereits hinaus.

Diderot weist sofort auf das Ungenügende der vorliegenden
Bestimmungen hin, stammen diese nun von Platon und Augusti-
nus oder von Shaftesbury, Hutcheson, Wolff oder Père André;
Vorstellungen wie Einheit und Vollkommenheit genügen ihm so
wenig wie Ordnung und Harmonie, geschweige denn die der
Nützlichkeit, wie er sie Shaftesbury unterstellt. So entwickelt er
nun den Begriff der Beziehung oder des Verhältnisses (rapport),
weil die Beziehungen in den Gegenständen selbst zu finden sind
und unser Verstand sie an ihnen auszumachen vermag.

Das Schöne ist also mehr als ein bloß subjektives Empfinden,
das wir unvermutet haben, oder eine von uns entwickelte Vorstellung, die wir nur für uns allein ausbilden; es gehört auch, gewissermaßen objektiv, den Gegenständen zu. Ihnen eignen diese
Beziehungen, und man gewinnt den Eindruck, daß Diderot tatsächlich, ohne es schon in dieser Weise auszusprechen, ein gestal-
tendes Prinzip, die Form, in den Blick bekommt.

In der Vielfalt der Verhältnisse, die moralisch wie literarisch,
technisch wie biologisch sein können, liegt auch die Möglichkeit
für eine vielfältige Erscheinungsweise dessen, was hier das
Schöne genannt wird. Erst in Bezug zu anderen Gegenständen

erscheint der jeweils besondere Gegenstand als »schön«. Auch Gegenstände, die im konventionellen Sinne, also in dem des herrschenden Geschmacks nicht als »schön« gelten dürfen, so das Wilde und Großgeartete (ein Sturm, aber auch eine Feldschlacht), von Kant wenig später als das Erhabene bestimmt, können »schön« sein, womit Diderot wieder auf das von den Gegenständen in ihrer Beziehung erweckte Empfinden kommt. Damit bekundet er auch eine zu dieser Zeit noch durchaus nicht gewöhnliche Empfänglichkeit für das Naturschöne.

Von Nachahmung der Natur ist dementsprechend auch die Rede, womit jedoch keine sklavisch dienende Abbildungsfunktion gemeint ist. Diderot weiß genau, daß der Künstler im Schaffensprozeß Abstand halten muß, um überhaupt etwas hervorbringen zu können, daß er das Sujet nicht einfach wiedergibt, sondern behandelt, und zwar um einer bestimmten künstlerischen Wirkung willen (dies aber nicht im Sinn des bloßen Effekts). Ähnlichkeit mit einem Abbild tritt in Diderots Überlegungen schließlich doch zurück hinter die Hervorbringung eines fiktiven, aber doch real wirksamen Sujets. Der Künstler kopiert eben nicht einfach, er sieht und begreift und entwickelt, was er dementsprechend darstellen möchte; aus dem Vermögen seiner Einbildungskraft stellt er dar, und es entsteht dergestalt eine Art Wahrscheinlichkeit als Kunstwahrheit in Analogie zur »Wahrheit der Wirklichkeit«, jener Wirklichkeit, die uns umgibt. Dies sind Überlegungen, die sich in Diderots Enzyklopädieartikel über das Schöne vorbereiten.

Der mit dem Nachahmungsvermögen verbundene Geschmack wird nicht in den Dingen spürbar, die uns von Nutzen sind, sondern in Dingen, die nicht mehr als nur gefallen wollen (oder sollen), und wir bewundern nicht selten Formen, ohne daß uns die Vorstellung einer damit verbundenen Brauchbarkeit hierzu veranlaßt. Nicht der Nutzen, sondern Beziehungen (Verhältnisse) geben hier den Ausschlag.

Jedem Menschen eignen von Geburt an Empfinden und Denken, alle unsere Vorstellungen gehen durch die Sinne, so auch die von Ordnung und Zusammenhang, Schicklichkeit und Symmetrie. Schön im Hinblick auf das ihn Umgebende nennt Diderot alles, was das in sich enthält, »was in meinem Verständnis die Vorstellung von Verhältnissen weckt«[1]. Es gilt nun, die Form der Gegenstände und die Vorstellung, die ich davon habe, zu unterscheiden, mein Verstand nämlich gibt oder nimmt den Dingen nichts. Läßt sich dann auch ein absolutes Schönes nicht ausmachen, so gibt es eben doch zwei Arten von Schönem: das reale und das wahrgenommene. Die Art der Beziehung, des »rapport« also, läßt etwas als »schön« erscheinen, und im Vergleich wird sodann das Schöne zu einem relativen Schönen.

Diderot gelangt schließlich zu drei Folgerungen: Das Prinzip einer schönen Naturnachahmung verlangt die angestrengten und weitestgehenden Studien der Naturerzeugnisse aller Art.

Besäße man die vollkommene Kenntnis der Natur wie der Grenzen, die sie sich bei der Hervorbringung eines jeden Wesens gesetzt hat, so wäre doch nicht weniger wahr, daß die Zahl der Fälle, in denen das Schönste für die nachahmenden Künste Verwendung finden könnte, zur Zahl derer, wo man das weniger Schöne vorziehen müßte, sich verhält wie die Einzahl zum Unendlichen.

Obgleich es ein Maximum an Schönheit in jedem Werk der Natur gibt, sofern es in sich selbst betrachtet wird, obgleich also die schönste Rose der Natur niemals Höhe und Umfang einer Eiche erreichen kann, gibt es doch in den Erscheinungen der Natur im Hinblick auf die Verwendung, die man von ihnen in den nachahmenden Künsten machen kann, weder ein Schönes noch ein Häßliches.[2]

Je nach den Umständen erst wird ein Gegenstand oder auch ein Wort (wie das »Qu'il mourût« Corneilles) schön oder lächerlich (niedrig oder erhaben, hieße es besser): Die Umstände bestimmen die Art des Verhältnisses. Aber es scheint, daß der Künstler die Art dieses Verhältnisses auch wiederum zu gestalten vermag, sagt Diderot doch, zu Recht, daß der schöpferische Geist ein Schönes imaginativ vor der Ausführung des geplantes Werks vorwegnimmt. Eine eigene Theorie des Kunstschönen entwickelt Diderot nicht.

Das als absolut nicht faßbare Schöne ist lokal, zeitlich (historisch) und unter anderen, stark modifizierenden Bedingungen stets relativ. Was aber in seiner Bestimmung »rapport« als Verhältnis oder Beziehung heißt, nähert sich bei Diderot zuweilen der Vorstellung von einem Formprinzip an. »Rapport« ist eben auch Zusammenhang: So ist ein Ton oder auch eine Farbe allein weniger schön zu nennen, erst die Folge von Tönen, der Farbzusammenklang ist es, der entscheidet; er muß aber wahrgenommen werden.

Die Beziehung stellt sich als eine Operation des Verstandes dar, der ein Wesen oder eine Eigenschaft, soweit dieses Wesen oder diese Eigenschaft das Vorhandensein eines anderen Wesens, einer anderen Eigenschaft voraussetzt, erfaßt (so wie ich, wenn ich von einem guten Vater spreche, in dieser Eigenschaft auch die Existenz eines anderen, eines Kindes nämlich, voraussetze). Auch wenn sie nur in unserem Verstande Bedeutung besitzt, so ist sie doch in der Sache begründet.

Allerdings gibt es neben den wirklichen auch noch fiktive Verhältnisse, solche, die menschliches Verstehen in die Dinge hineinlegen. Der Bildhauer etwas erblickt im Marmor bereits die Gestalt, die er aus dem Block herausschlagen will, also eine vorerst imaginäre Figur. Die Wahrnehmung dieser Art von Beziehung bezeichnet Diderot als Grundlage des Schönen; diese Art der Wahrnehmung hat man in den Sprachen mit zahllosen verschiedenen Namen bezeichnet, die nichts als unterschiedliche Arten des Schönen anzeigen.

Zur Wahrnehmung dieser Beziehungen bedarf es jedoch der Kenntnis, der Erfahrung. Man muß sehen und hören lernen. Überdies gibt es verschiedene Ursachen für die offenkundigen Unterschiede in der Urteilsbildung: Interesse und Leidenschaften, Kenntnislosigkeit und Konventionen, Sitten, Bräuche und Kultus, Klima und Regierungsform, auch bestehen Unterschiede des Wissens und der Talente. Der Blumenhändler sieht eine Tulpe anders an als ein Spaziergänger, dieser wiederum anders als ein Maler. Die Wahrnehmungsweisen sind eindeutig von bestimmten Interessen und Gewohnheiten geprägt, die Wahrnehmung des Schönen ist real nur im Subjekt, und es ist von hier nur ein kleiner Schritt bis zur definitorischen Einsicht in das »interesselose Wohlgefallen«.

Wer auf bloße Autorität hin urteilt, wer etwas schön findet, weil es von einem weithin gerühmten Künstler stammt, bleibt in seinem Urteil befangen. Dennoch, also den vielen Quellen des Fehlurteils zum Trotz, ist die wirkliche Schönheit keineswegs nur eine Chimäre. Und bei allen Unterschieden in Vorbildung und Interesse, Leidenschaft und Stimmung, welche die Wahrnehmungsweise bestimmen, können doch Menschen ein übereinstimmendes Urteil fällen. Ohne weitere Begriffe also vermag Schönes »allgemein zu gefallen«.

Auch darf man die Beziehungen (rapports) nicht nur als fixierte ansehen: Eine Bewegung vermag zuweilen die schon erkannten Beziehungen zu verändern, es gibt also auch Verhältnisse, die das Ergebnis zufälliger Verbindungen sind — jedenfalls für unsere Wahrnehmung. Dann aber, sagt Diderot mit der ihm eigenen Kühnheit, »ahmt die Natur bei hunderten von Gelegenheiten spielerisch die Schöpfungen der Kunst nach«[3].

Nicht allein in solchen Einsichten und Formulierungen, Konjekturen und Kombinationen zeichnet sich für Diderot bereits eine Trennung von natürlicher und Kunstschönheit, von künstlerischer und Naturwahrheit ab; doch auch wenn die Wahrheit der Kunst nicht notwendig die der Natur ist und »Nachahmung« oft nicht mehr bedeutet als Orientierung, so gibt es doch eine Richtigkeit oder Wahrscheinlichkeit, an die auch der freieste Künstler gebunden ist. Auch dies behandelt Diderot in den »Salons«.

Diderot hat bedauert, niemals in Italien gewesen zu sein, aber er kannte natürlich viele Gemälde aus den Pariser Sammlungen, kannte die Holländer, die Italiener, die eigene Tradition der Malerei, er hat sich durch Lektüre und Anschauung vorbereitet, er hat sich durch Chardin unterrichten lassen und überdies im Zusammenhang mit der Arbeit für die *Enzyklopädie* viel über handwerkliche und technische Details erfahren, so daß er für die »Correspondance littéraire« von Grimm jene Ausstellungsberichte zu verfassen imstande war, durch die er, ohne sich dessen bewußt zu sein, die französische Kunstkritik begründete, so daß auch Baudelaire als Kritiker in seiner Tradition gesehen werden kann.

Nicht allein von Chardin, auch von Falconet hat er das gelernt, dessen er bedurfte, um mehr als nur gefällige Überblicke zu liefern; er hat La Tour bei der Arbeit beobachtet und mit Pigalle gesprochen. Die Instrumente, mit denen er einen Künstler gegebenenfalls auch verletzen konnte, hatten ihm die Künstler geschärft, vielleicht sogar geliefert. Aber das Wichtige, Grundsätzliche hat er doch selbst in sich entwickelt, den Blick für die vom Gegenstand nicht abhängige »magie de l'art«. So kann er es auch wagen, ein Gemälde neu zu entwickeln oder zu Ende zu führen — unter der Einschränkung: »Ich würde, wenn ich Maler wäre ...«.

Mag man manche seiner Urteile heute revidieren, so besagt dies wenig; gültig bleibt die Fülle seiner Einsichten und vor allem seine Verfahrensweise, der ganz individuelle Stil dieser ungemein produktiven, zum Denken, man könnte beinahe sagen: zum Malen anregenden Kritik, in deren Ausübung er sich auch nicht scheut, bei Landschaften etwa, in das Bild selbst hineinzugehen, sich in der Szenerie umzuschauen, sich sogar vorübergehend einzunisten. Er besitzt beides, Hitze sowohl als auch Besonnenheit (selbst wenn er sich zuweilen zu lebhaften Deklamationen hinreißen läßt). Er ist bewegt, gerührt oder begeistert, aber wenn er dann Rechenschaft ablegt von dem, was er gesehen und empfunden hat, erlangt er die Klarheit und Sicherheit des notwendigen Abstands zurück.

Begeisterung für die Antike? Diderot besitzt sie. Schwärmerei für die Natur? Diderot erliegt ihr immer wieder. So lautet sein Rat, daß man die Antike studieren müsse, um die Natur sehen zu lernen.

Aus den Beschreibungen entwickelt Diderot Dialoge, stellt Fragen an den Maler und zeigt auch, daß eine grundsätzliche Bewunderung oder Sympathie durchaus Raum für einen entschiedenen Einwand läßt. Er schont den Meister nicht, wenn er Fehler begeht, die seinem Niveau oder seinem Ruf nicht entsprechen, aber ermuntert das seiner selbst noch nicht sichere junge Talent. Die Technik versteht sich sozusagen, das muß man gelernt haben, aber ohne Einsicht und Erfahrung nützt die Technik auch dem Begabtesten nicht viel: Sie macht seine Gemälde virtuos und kalt. Von Greuze heißt es einmal, er ist »savant dans son art«, und Chardin nennt er gar den Zauberer.

Nur dem Meister gelingt es, seine fiktive Welt als eine wirkliche zu behandeln und vorzuführen; Diderot geht auf diese Verwirrungskunst ein, so erklärt er einmal, wie nebenbei, von einem Porträt von Greuze mit dem Blick auf den hineinkomponierten Spaniel: Wenn man zuweilen hinschaut, so hört man ihn bellen.

Boucher versteht sich auf die Kunst von Licht und Schatten wie niemand sonst, er besitzt Eleganz, Geschmack, Galanterie und Leichtigkeit, und er gewinnt die Menge derer, denen der wahre Geschmack fremd ist wie die Wahrheit, die richtige Vorstellung, die Strenge der Kunst.[4]

Diderot entdeckt in Bouchers Bildern den Niedergang des Geschmacks, der Farbe, der Komposition, der Charaktere, des Ausdrucks, der Zeichnung, der Schritt für Schritt der »Verderbtheit der Sitten« folge. Dieser Mann, so fährt Diderot fort, weiß nicht mehr, was Anmut ist, und: »[...] ich wage zu sagen, daß er niemals die Wahrheit gekannt hat«, dies ist der Augenblick, in dem Boucher aufhört, ein Künstler zu sein, eben der auch, in dem man ihn zum ersten Maler des Königs ernannt hat.

Diderot geht noch weiter in seiner Schärfe. Vor einer Hirtenszene fragt er den Maler: »Nun, glauben Sie, mein Freund, daß mein gemeiner Geschmack diesem Bild gegenüber nachsichtiger sein wird? Überhaupt nicht. Ich höre, wie etwas in mir schreit ›Raus aus dem Salon! Raus aus dem Salon!‹« [5] Zwar hat ihn Chardin zur Zurückhaltung aufgefordert, aber dessen ungeachtet schreit es in ihm: »Raus aus dem Salon!«

Gewiß spielt bei solchen Ausfällen der Tugendenthusiasmus Diderots eine gewisse Rolle, aber nicht minder gewiß ist doch auch, daß Diderot lieber lobt und bewundert, als dem »Zensor in seinem Herzen«, von dem er einmal spricht, so ungehemmt nachzugeben. Aber die Erwähnung der Ehre, die Boucher zuteil geworden ist, zeigt es: Diderot wendet sich doch nicht nur gegen den Maler, sondern gegen den herrschenden Geschmack, der am Niedergang der französischen Malerei zumindest nicht unschuldig ist.

So stellt er die Erfolge Bouchers nicht ohne Verachtung denen von Greuze gegenüber, denn »eher wird Boucher fünfzig seiner unanständigen, faden Marionetten verkauft haben als Greuze seine zwei erhabenen Gemälde« [6].

Dagegen die Stilleben von Chardin: Hier ist Diderot ganz in seinem Element; die sinnliche Gegenwart der Gegenstände übt einen unwiderstehlichen Zauber auf ihn aus — den er auch mitzuteilen weiß, aber nicht, indem er einfach von »Zauber« spricht:

»[...] immer ist es die Natur und die Wahrheit. Sie nähmen seine Flaschen in die Hand, wenn Sie Durst haben; die Pfirsiche und Trauben wecken Appetit und rufen die Hand herbei«[7]. Chardin hält sich immer treu an die Natur, aber eben mit der Machart, die diesem Künstler eigen ist, »un faire rude et comme heurté«. Die Kompositionen dieses »großen Zauberers« sprechen beredt zum Künstler. An Chardin läßt sich zeigen, daß es keine unfruchtbaren (für die Kunst unbrauchbaren) Gegenstände in der Natur gibt, es geht allein darum, sie wiederzugeben. Er wird nicht müde, Chardin zu preisen, der die anderen Maler auf den dritten Rang verweist und dem es gelingt, die Bilder der anderen als kalt und flach erscheinen zu lassen. Chardin ist, noch einmal verwendet Diderot das Wort, ein alter Zauberer, dem das Alter noch nicht den Zauberstab weggenommen hat.

Nur noch für Greuze und für Vernet findet er ähnliche Töne des Lobes, gibt aber auch zu, daß ihm im Falle von Greuze das Genre besonders zusagt, »c'est la peinture morale«. Dann kommt es aber auch nach manchen Lobesworten zu einer vorwurfsvollen und im Aussprechen schon wieder fast zurückgenommenen Wendung wie der folgenden: »Er ist ein wenig eitel, unser Maler, aber seine Eitelkeit ist die eines Kindes, es ist die Trunkenheit des Talents.«

Mit einem kritischen Blick auf Vernet heißt es einmal, fast im Sinn einer Maxime: »Das große Ansehen des Künstlers führt auch dazu, daß man anspruchsvoller wird; er hat verdient, daß man ihn mit Strenge beurteilt.«[8] Seine Bewunderung für Vernet ist immerhin so groß, daß er ihn mit Claude Lorrain vergleicht. Bei Gelegenheit weist Diderot darauf hin, daß Vernet gar keinen Seehafen mehr malt und die Gebäude gar nicht mehr benötigt, die sonst dazugehören; es geht nur noch um Intelligenz (qua Kunstverstand) und Geschmack und um die Kunst, sie wirkungsvoll zu verteilen, aber die Wirkung setzt ein, ohne daß die Kunst es bemerkt.

Eben weil er so sichtbar zu preisen gewillt ist, nimmt er sich die zuweilen recht große Freiheit zu Einwänden, etwa gegen die Diskrepanz von bedeutender Vorstellung und unsicherer, ungenügender Ausführung, gegen Übertreibungen, Kompositionsfehler, Nachlässigkeiten unterschiedlicher Art. Er sagt auch einfach: »Herr Loutherbourg, das ist schon besser, aber das gehört nicht Ihnen, diesen Vorfall haben Sie von Vernet übernommen.«[9] Doch er hat bereits in einer Weise von der Begabung des ehrgeizigen jungen Malers gesprochen, daß eigentlich deutlich ist, was der Kritiker hier nicht eigens hervorhebt: daß Loutherbourg dergleichen gar nicht nötig hat.

Wenn Diderot nur beschreibt und dabei gewisse Feinheiten lobt, so will das weit weniger bedeuten, als wenn er im Anschluß an die Beschreibung zu einer längeren Erörterung ansetzt, Gespräche erfindet, Anekdoten einflicht, um dabei womöglich auch Einwände laut werden zu lassen. Einmal sagt er von einer Landschaftsdarstellung, es gebe ein Bild von Vernet, das eigens gemalt zu sein scheine, um mit dem vorliegenden verglichen zu werden, und schließt den Wunsch an, derartige Begegnungen möchten öfter stattfinden. Welche Fortschritte in der Kenntnis der Malerei würden wir nicht machen; der Wettstreit würde die Maler beflügeln und würde die Anteilnahme der Besucher steigern.

Der Moralist warnt aber auch ein junges Talent vor zu rascher und ehrgeiziger Tätigkeit, die nur verzehrend wirken kann; wer dauernd nur skizziert, verliert die Gewohnheit, eine Arbeit zu vollenden. Wer, wie Robert, jetzt alles rasch hinwirft und bei all seinen Ansprüchen schnell das gute Geld verdienen will und eilig arbeitet, verdirbt sein Talent, und, geboren, groß zu werden, bleibt er in der Mittelmäßigkeit stecken. »Machen Sie fertig, Herr Robert; gewöhnen Sie sich daran, etwas fertig zu machen, Herr Robert, und wenn Sie sich daran gewöhnt haben, Herr Robert, wird es Sie, ein Bild zu malen, fast nicht mehr kosten als eine Skizze.«[10] Nebenbei liefert Diderot auch einmal ein für ihn charakteristi-

77

sches Lob der Skizze: Skizzen besitzen gemeinhin ein Feuer, stellt er fest, das ein Bild nicht hat. Das ist der Augenblick der Wärme für den Künstler, der reine große Schwung (la verve pure), ohne jede Beimischung des Zurechtgemachten, welche die Reflexion in alles bringt; das ist der Geist des Malers, der sich frei über die Leinwand ausbreitet. »Die Feder des Dichters, der Stift des geschickten Zeichners scheinen zu laufen und sich zu vergnügen. Der rasche Gedanke trifft mit einem Zug; denn je unbestimmter der Ausdruck der Künste ist, umso mehr fühlt sich die Einbildungskraft frei und zufrieden.«[11] Diderot, der ja auch im literarischen Sinne die Skizze favorisiert, weiß nur zu gut, wovon er hier spricht; da er aber auch die Gefahren kannte, die mit dieser Art von Tätigkeit zusammenhängen, hat er schließlich doch mehr geliefert als nur Skizzen. An bedeutenden Malern rühmt er ja gerade, daß sie genau und geduldig gesehen und gearbeitet haben. Wird ihm dies klar, dann kann er eine Kritik in einem einzigen Satz zusammenfassen, wie er das einmal mit einem Bild Vernets von einem Sonnenuntergang am Meer riskiert: »Wenn Sie das Meer im Herbst um fünf Uhr nachmittags gesehen haben, dann kennen Sie dieses Bild.«[12]

Das scheint wieder ein Rückfall in die Konvention der Naturnachahmung zu sein, die aber ist nicht das Credo Diderots. Wie kommt es, fragt er, daß die eine Natur doch auf so vielfältige Weise nachgeahmt werden kann? Die Unmöglichkeit, sie mit absoluter Genauigkeit wiederzugeben, erlaubt eine Randzone der Konvention, in welcher die Kunst sich entfalten kann. So gibt es in aller poetischen Schöpfung »ein wenig Lüge«, deren Grenze niemals genau festgelegt werden kann. Die Kunst benötigt die Freiheit dieses eingestandenen Verstoßes, den andere wiederum verurteilen. Hat man einmal zugegeben, daß die Sonne des Malers nicht die des Universums ist, es auch niemals sein kann, dann hat man ein weiteres Zugeständnis gemacht, das unendlich viele Konsequenzen hat.[13]

Gerade indem Diderot aus gegebenem Anlaß diese Differenz so deutlich formuliert, hat er die Nachahmungsdebatte für sich wie für die Epoche vorwegnehmend entschieden. Der Freiraum, den er der Kunst am Rande der Zone traditioneller Nachahmung einzuräumen fordert, ist mehr als die Bitte um nachsichtiges Gewährenlassen: Einmal gewonnen, wird diese Randzone immer mehr sich ausweiten, und hier eben liegen die unendlichen Konsequenzen. Diderot hat sie zweifellos gesehen, programmatisch ausgesprochen hat er sie nicht.

Der »Salon« von 1765 und der »Essai sur la peinture« waren der Zarin Katharina II. gewidmet, und das erklärt auch einen geistvollen Doppelsinn in der Huldigung, die Diderot im »Athenäum« dargebracht wird: »Sich eine Gemäldeausstellung von einem Diderot beschreiben lassen, ist ein wahrhaft kaiserlicher Luxus.« [14]

Goethe hat kurz nach Veröffentlichung der »Essais sur la peinture« auszugsweise eine kommentierende Übersetzung dieses Werks begonnen, die sich zu einem lebhaften Gespräch mit dem großen Verstorbenen entwickelt, in dem es immer wieder um das Verhältnis von Natur und Kunst geht, keineswegs nur, wie es den Anschein haben könnte, um technische und kunsttheoretische Einzelfragen. Das ermöglicht es Goethe, seine Stellungnahme zu einer für ihn längst obsolet gewordenen Debatte noch einmal deutlich zu formulieren und den Primat der Kunstforderung gegenüber der Naturwahrheit zu unterstreichen. [15]

Aus dem Nachlaß erst sind dann die »Pensées détachées sur la peinture« erschienen, eine thematisch orientierte Folge von Aphorismen, in der Diderot grundsätzliche Einsichten festhält. In ihrem Zusammenhang erklärt er auch, was man schon den »Salons« hat entnehmen können, daß er nämlich keineswegs dem Genie hat Regeln geben wollen: »Ich sage dem Künstler: ›Mach' diese Sachen‹, wie ich ihm sagen würde: ›Wenn du malen willst, mußt du zuerst eine Leinwand haben.‹« [16]

Diderot resümiert die Erfahrungen einer jahrelangen Auseinandersetzung mit den Grundsätzen und mit den Einzelheiten der bildenden Kunst: »Die Natur ist zuweilen trocken, die Kunst darf es niemals sein.«[17]

Auf das Hauptproblem kommt er dann noch einmal in einer knappen (später fortgelassenen) Formulierung zurück und erklärt lapidar: »Das Naturwahre ist die Grundlage des Wahrscheinlichen der Kunst.«[18]

Das Theater

Diderot besitzt als Autor zumindest zwei Eigenschaften, die ihn in besonderer Weise zum dramatischen Schriftsteller hätten bestimmen können: die Fähigkeit zum Dialogischen, die sich nicht nur bis in seine Briefe, sondern sogar bis in die Gemäldebeschreibungen hinein niederschlägt und schließlich noch seine erzählenden Arbeiten weitgehend prägt. Was immer er unternimmt, was immer er schreibt, es wird zum Dialog, und sei es auch nur, daß er über das Geschriebene oder Geschehene, das Verhalten der Figuren oder die Intention des Dargestellten mit realen oder fiktiven Figuren in ein Gespräch eintritt, das dementsprechend zur Reflexion über die vorgelegte Schrift wird, die in diesem Sinne fast niemals als fertig und abgeschlossen erscheint, was man als ein »romantisches Prinzip« bezeichnen könnte.

Ein anderes, damit zusammenhängendes Charakteristikum Diderots ist der eminente Sinn für das Szenische und Gestische, in denen Stimmung sichtbar, Verhalten pantomimisch zu werden beginnt; auch hierfür lassen sich Beispiele in den Beschreibungen der »Salons« finden, wo er Szenen nicht nur in den Bildern aufzuspüren, sondern auch weiter zu entwickeln weiß.

Auch in seinen Ausführungen unter dem Titel »Eloge de Richardson« von 1762 finden sich Bemerkungen und Hinweise, die mit den dramatischen und dramaturgischen Arbeiten Diderots zusammenhängen, wobei es nun vor allem das Genre ist, das Diderot fesselt: das Tugenddrama, das sich in der bürgerlichen Gesellschaft abspielt und das überzeugend wird durch die »Wahrheit«, die Richardson seinen Gestalten zu geben versteht. Sie besitzen Realität; die Charaktere sind der Gesellschaft entnommen worden und mit unseren Leidenschaften ausgestattet. Richardson tut noch mehr: Er sät in den Herzen die Keime der Tugend aus, die eigentlich immer eine Art von Selbstopfer bedeutet, er führt uns zu den wichtigsten Gegenständen des Lebens und läßt die Leute doch Reden führen, die man wiedererkennt. Mehr noch: Er vermittelt die Wahrheit, daß Tugend glücklich macht. Diese Vorstellung ist Diderot überaus teuer.

Erlesener Geschmack, Schönseelentum, Naturkenntnis (d.h. Kenntnis der Menschennatur) und Wahrheitsliebe führen dazu, daß man ihn liest. Die wahrste Geschichte hat ihre Lügen, versteigt sich Diderot in dieser Lobrede, aber Richardsons Romane sind voller Wahrheit! »Ich kenne Harloves Haus wie mein eigenes; die Wohnung meines Vaters ist mir nicht vertrauter als die von Grandisson«, versichert er.[1] Mit den Gestalten des englischen Erzählers geht Diderot wie mit lebenden Menschen um; daß er dies vermag, ist ein Beleg für die Kunst Richardsons; er ist ein Maler der Natur, der niemals lügt.

Die in der Lobrede auf Richardson anklingenden Kriterien, die Grundsätze und Forderungen, die in ihnen erkennbar werden, sind auch die, welche Diderot für das Theater verlangt. Weil er sie postuliert, will er auch die Beispiele vorlegen. Nicht daß es auf der Bühne der französischen Hauptstadt an Tugend fehlte, aber es ist dies eine Tugend, die sich nicht unter Bedingungen behauptet, die man als natürlich oder als wahr bezeichnen könnte.

Schon im 38. Kapitel der *Bijoux indiscrets* hatte Diderot seine Kritik an der klassischen französischen Tragödie und der herrschenden Aufführungspraxis vorgetragen und sie der Favoritin des Sultans in den Mund gelegt; Lessing übersetzt sie für seine *Hamburgische Dramaturgie* (ohne deswegen auch den Roman selbst anpreisen zu wollen). Nachahmung der Natur sei doch die einzige Regel, heißt es in dem inszenierten Gespräch, aber die Natur hat eben so viele Gestalten, die zwar alle wahr, doch keineswegs immer in gleicher Weise schön sind. Man muß also auswählen, das aber lernt man aus den musterhaften Werken, in denen Erfahrungen überliefert sind, die ein Individuum allein im Lauf seines kurzen Lebens gar nicht machen kann. Dann müßten die Neueren jedoch reicher sein als die Alten und, auf ihren Schultern stehend, weiter sehen. Nichtsdestoweniger erklärt Mirzoza, unsere Tragödien sind, obwohl das Theater einen großen Ruf genießt, schlechter als die der Alten. Die Stoffe der Alten sind vornehm und interessant, die Handlung entfaltet sich wie von selbst, und der schlichte Dialog kommt dem Natürlichen sehr nahe; die Entwicklungen sind ungezwungen, die Handlungen nicht mit Episoden überladen.

Auch wenn die Favoritin des Sultans die Regeln nicht versteht, so weiß sie doch, »daß nur das Wahre gefällt und rühret. Ich weiß auch, daß die Vollkommenheit eines Schauspiels in der so genauen Nachahmung einer Handlung bestehet, daß der ohne Unterbrechung betrogne Zuschauer bei der Handlung selbst gegenwärtig zu sein glaubt. Findet sich aber in den Tragödien, die Sie uns rühmen, nur das geringste, was diesen ähnlich sähe?«[2]

Der Handlungsablauf ist meist viel zu verwickelt, es wäre ein Wunder, wenn so viele Dinge in einem so kurzen Zeitraum sich ereignen könnten. Es ist lächerlich, daß man, um der Nachahmung einer Handlung Geist und Feuer zu verleihen, diese so vorstellen muß, wie sie weder ist noch wie sie sein sollte.

Nicht einmal die vielgerühmten Dialoge vermag die kluge Frau gutzuheißen, denn das Gemachte, Witzige und Spielerische in ihnen ist viel zu weit von aller Natürlichkeit entfernt. Auch die unvorbereiteten oder nur durch ein Wunder herbeigeführten Entwicklungen können sie nicht überzeugen. »Hernach, hat man wohl jemals so gesprochen, wie wir deklamieren? Pflegen die

Prinzen und Könige wohl anders zu gehen, als sonst ein Mensch, der gut geht? Gestikulieren sie wohl jemals, wie Besessene und Rasende? Und wenn Prinzessinnen sprechen, sprechen sie wohl in so einem heulenden Tone?«[3]

Es ist nicht weit her mit der sogenannten Vollkommenheit der Tragödie, sie ist gerade am wenigsten vollkommen zu nennen. Auch wenn wir dem Schauspiel in der Überzeugung beiwohnen, es nur mit der Nachahmung einer Handlung, nicht aber mit der Handlung selbst zu tun zu haben, so ist dennoch zu fordern, daß diese Handlung auf die natürlichste Weise vorzustellen sei.

Das war völlig wirkungslos geblieben, bemerkt Lessing, es wurde erst mit kritischem Neid bestritten, als Diderot »mit allem didaktischen Ernste« und unter Vorlage von eigenen Beispielen das alles noch einmal wiederholte, denn jetzt unterstellte man, daß er diese Kritik nur vortrug, um die Bühne für seine eigenen Arbeiten freizumachen. Deshalb fiel man nun über ihn her.

Lessing räumt ein, daß Diderot seinen Tadlern manche Blöße geboten hat, jedenfalls in seinem ersten Stück *Der natürliche Sohn*, den er weit unter den *Hausvater* stellt. Er beanstandet: »Zu viel Einförmigkeit in den Charakteren, das Romantische in diesen Charakteren selbst, ein steifer kostbarer Dialog, ein pedantisches Geklingle von neumodisch philosophischen Sentenzen: alles das machte den Tadlern leichtes Spiel.«[4]

Aber das ist nicht entscheidend; viel wichtiger ist, daß sich Lessing für das »bürgerliche Trauerspiel« auf die grundsätzlichen Einsichten und Tendenzen Diderots ohne Einschränkung berufen kann. Auch die Beispiele, die Diderot vorlegt, sind ihm wichtig, es sind Dokumente einer mittleren Gattung zwischen der hohen Tragödie und der hohen Komödie; das »drame sérieux«, auch als »tragédie bourgeoise« bezeichnet, stellt eine Neuerung dar.

Die Bezeichnung »tragédie bourgeoise« wird bald wieder fallengelassen, vor allem wohl, weil Diderot zufolge das Unglück alle treffen kann, nicht allein den Bürger; »domestique« als »bourgeois« weist auf das allgemein Menschliche hin, dem die hohe Tragödie keinen Platz einzuräumen vermochte in ihrer Dämpfung, ihrer Haltung, ihrem in der Tat nicht »natürlichen« Stil.

Die Prosa des Privatlebens erhält nun tragische Akzente, und in dem, was geschieht, kann sich der Privatmann wiedererkennen. Die Welt, die dargestellt wird, soll schließlich auch die seine sein, mit all ihren Schwierigkeiten, ihren Freuden, ihren Schicksalsschlägen.

Nach den Erörterungen in den *Bijoux indiscrets* ist die nächste, die eigentlich wichtige Stufe der Entfaltung seiner dramatischen Theorie die Reflexion auf seinen ersten praktischen Versuch im neuen Genre (*Le fils naturel*, 1757), also die Folge der Unterhaltungen über das Drama, die eine Kritik des Stücks und eine Theorie des »drame sérieux« enthalten. Sie haben weiter die theatralische Darstellung zum Gegenstand und schließlich die Gattungen der dramatischen Poesie. In der Darstellung der verschiedenen Stände will Diderot das bürgerliche Drama als ein »häusliches« begründen, wobei »häuslich« gewiß als Antithese zu »höfisch« gelesen werden darf.

Die Stände aber, von denen Diderot spricht (conditions), meinen nicht nur Stellungen oder Berufe, sondern bezeichnen die Realität sozialer Verflechtungen und Verpflichtungen, in denen der Keim zu Konflikten, Erfahrungen und Zusammenstößen liegt, wie etwa die Bindung als Vater, Sohn, Bruder, Gatte, Schwester, Frau usf.; hier erscheinen die Tugenden des Menschen, denen Diderot so viel enthusiastische Aufmerksamkeit widmet, rein und unverfälscht.

In den Unterhaltungen über den *Fils naturel* liefert Diderot auch schon eine Kritik seines dramatischen Versuchs, dazu die Theorie dessen, was er »drame sérieux« nennt. Er geht dabei davon aus, daß alles sich so zugetragen habe, wie es im Drama zur

Darstellung kommt. Der Realismus, die Kategorie der Wahrhaftigkeit, wird zum Argument gegen das, was am Stück kritisiert worden war. Allein die Konzentration auf einen einzigen Tag und die Bewahrung der Einheit des Ortes stellen eine Ausnahme von der angestrebten größtmöglichen Wahrhaftigkeit dar. Diderot verteidigt die geforderten dramatischen Einheiten. Doch faßt er auch wieder ins Auge, daß ein rascher Wechsel der Dekorationen es den Zuschauern leicht machen würde, der Bewegung der Ereignisse zu folgen, was also eine minder strenge Bindung an die Einheit des Ortes gestatten könnte. Mannigfaltigkeit wie Deutlichkeit wären die Folge; so hält er nur notgedrungen an der Einheit des Ortes fest und tut dies mit Rücksicht auf den noch wenig entwickelten Bühnenapparat und seine Maschinerien.

Aus Gründen der Wahrhaftigkeit wendet sich Diderot auch gegen einen Tradition gewordenen Anstand (bienséance), der den Ausbruch der Leidenschaft oder des Schmerzes im Sinn der klassizistischen Tragödie nur in stilisierter Gestalt geduldet, ihn gedämpft oder ganz unterdrückt hat. Ebenso zieht er das Tableau dem traditionellen »coup de théâtre« vor. Dieser ist ein unvorhergesehenes Ereignis, das die Lage der Personen plötzlich verändert, das Tableau aber bedeutet eine Anordnung dieser Personen auf der Szene in so natürlicher und wahrhaftiger Weise, daß sie, von einem Maler auf die Leinwand gebannt, ihm gefallen würde. [5]

Die Unvollkommenheit der dramatischen Kunst oder eher der theatralischen Handlungen erweist sich darin, daß man auf der Bühne fast niemals eine Szene erblickt, aus der man eine für die Malerei geeignete Komposition entwickeln könnte. Dabei erscheint der Anstand als das eigentliche Hindernis. Haben wir mehr Feingefühl und Genie als die Athener? läßt Diderot seinen Gesprächspartner Dorval, den Protagonisten des Dramas, fragen, während er selbst als Wortführer der Kritik auftritt. Die Heftigkeit der Handlung einer Mutter, der man die Tochter entreißt, um sie zu opfern, kann nicht zu stark sein, fährt Dorval fort; wie eine Wütende oder Verstörte rast sie umher auf der Szene, erfüllt den Palast mit ihrem Schreien, ihre Gewänder sind in Unordnung, all das entspricht ihrer Verzweiflung. Wenn Iphigenies Mutter sich nur einen Augenblick als Königin von Argos, als Frau des Befehlshabers der Griechen zeigte, würde sie ihm als die allerletzte Kreatur erscheinen. Die wahre Würde, die, welche uns trifft, ist das Bild der Mutterliebe in ihrer ganzen Wahrheit. Wahrheit ist es auch, die das Tableau auszeichnen sollte, man muß dergleichen nicht erfinden und arrangieren.

Am Beginn der zweiten Unterhaltung mit Dorval steht eine seltsam modern klingende Sentenz. Nachdem sich Dorval ganz dem Enthusiasmus hingegeben hat, den die Natur in ihm weckte, kommt er auf den eigentlichen Gegenstand der Unterhaltung zurück. Man muß, erklärt er in der Dichterrolle, die Diderot ihm auf den Leib geschrieben hat, den Figuren keinen Geist verleihen, sondern fähig sein, sie in Umstände zu versetzen, die ihnen diesen Geist geben.[6]

Es folgt das Beispiel jener Bäuerin, deren Mann erschlagen worden ist und die pathetisch in die Worte ausbricht: »Ach, als ich dich hierherschickt, dachte ich nicht, daß dich die Füße in den Tod gehen hießen!« Dorval fragt, ob eine Frau von anderem Stande wohl pathetischer gewesen wäre. Nein, sagt er sofort, dieselbe Situation hätte ihr dieselbe Rede eingegeben. Ihre Seele wäre die des Augenblicks gewesen; der Künstler muß das finden, was jeder in einem solchen Falle sagen würde, das, was jeder nicht vernehmen kann, ohne es sogleich in sich wiederzuerkennen.

Die großen Leidenschaften und Interessen sind die Quelle der großen, der wahren Rede. So ist das Thema die Art der theatralischen Darstellung, der Inszenierung des Spiels, das der Naturwahrheit der Leidenschaft verpflichtet ist.

Um die dramatische Literatur zu verändern, bedarf es nur eines großen Theaters, wie die *Eumeniden* des Äschylos es verlangen, hier herrschen Schrecken und Mitleid. Der Dichter würde ganz anders auf die Menschen wirken, flüchtige Erregungen und dürre Tränen würden der Verwirrung und dem Entsetzen weichen. Auch der Schrei, der Seufzer, die Atemlosigkeit sind hier am Platze, doch dafür benötigt man Autoren, Schauspieler, ein Theater (und wohl auch ein Publikum). Der Anstand hat die Werke zahm und klein gemacht. Voltaire wird aufgefordert, sein Genie zur Begründung des neuen Genres einzusetzen, sich um die »tragédie domestique et bourgeoise« zu bemühen. Dann ist auch die Prosa im Drama legitimiert; man muß den Franzosen zurufen: »Die Wahrheit! Die Natur! Die Alten! Sophokles! Philoktet!«[7] Das ist nötig, weil nichts unterlassen wurde, die dramatische Gattung zu verderben. Es gibt kein öffentliches Schauspiel mehr.

Nichts ergreift mehr als das Beispiel der Tugend, das aber bedeutet Geschmack für die Ordnung in moralischen Angelegenheiten. Die guten Menschen, so verlautet, sind auf wahrhaftigere Weise gut, als die Bösen böse sind. Es soll in jedem Werk der Geist des Jahrhunderts spürbar werden: Wie die Moralität sich reinigt, das Vorurteil schwächer wird, das Volk an den Handlungen eines Ministers Anteil nimmt, das soll man sogar in einer Komödie noch bemerken. Diderot fordert also eine Öffentlichkeit im Sinn der athenischen Republik.

Im dritten Teil der Unterhaltungen behandelt Diderot die dramatischen Gattungen. Bei jedem moralischen Gegenstand erkennt man eine Mitte und zwei Extreme; so hat die dramatische Handlung, da sie einen moralischen Inhalt hat, ein mittleres und zwei extreme Genera zur Verfügung. Das sind Tragödie und Komödie. Aber der Mensch befindet sich nicht fortwährend im Zustand von Schmerz oder Freude. Es gibt ein Interesse an einem Drama auch ohne Mitleid und Schrecken, auch ohne daß das Lächerliche uns lachen macht: Das Genre, das die allgemeinen

Handlungen des Lebens zum Gegenstande hat, sollt das nützlichste und am weitesten verbreitete sein, es ist dies das »genre sérieux«.

Ist diese Gattung einmal etabliert, so wird es keinen Stand in der Gesellschaft geben, keine wichtigen Handlungen im Leben, die nicht auf einen Teil dieses dramatischen Systems bezogen werden können. Zwischen dem Burlesken und dem Wunderbaren findet man dann das Komische, das Ernste und Tragische. Aber Diderot erkennt auch, was die Theoretiker oft übersehen: »Ein Stück paßt sich niemals ganz in die Strenge einer Gattung ein.« [8]

So geht es im folgenden um die Poetik des »genre sérieux«. Man muß auf alles achten, was ihm Kraft verleiht, da es die Farbe und Stärke der extremen Gattungen entbehren muß. Der Gegenstand soll wichtig oder bedeutend sein, die Intrige einfach, sozusagen häuslich und dem wirklichen Leben nahe. Seine Moral ist einfach, allgemein und stark. Episodische Figuren spielen keine Rolle, auch die Bediensteten nicht. Monologe nähern es formal an die Tragödie an. Das Pantomimische soll beachtet werden, die Theaterstreiche sind zu eliminieren, statt dessen gilt es, die Aufmerksamkeit auf das Tableau zu richten. Die Charaktere sind allgemein, wie in der Komödie, besitzen also typische Züge, und sind stets weniger individuell ausgeprägt, als dies in der Tragödie der Fall ist.

Komödie und Tragödie, stellt Diderot im Gegensatz zur überlieferten Ständeklausel fest, gehören allen Ständen zu, dies aber mit der Einschränkung, »daß Schmerz und Tränen unter den Dächern der Untertanen meist noch häufiger sind als Unbeschwertheit und Fröhlichkeit im Palast der Könige« [9].

Es geht darum, im Anblick des uns umgebenden Unglücks auf der Bühne die Wirklichkeit unseres Lebens zu erkennen, und wie in diesem darf ein Wechsel zwischen komischen und tragischen Einzelszenen durchaus stattfinden. Diderot wehrt sich aber gegen eine etablierte Mischform, und vor allem gegen die ahistorische normative Bedeutung der klassizistisch überlieferten Genera Komödie und Tragödie.

Noch sind die Pflichten, Vorzüge und Nachteile der Stände als soziale Charaktere nicht auf die Bühne gebracht worden. Man könnte sie aber, wird erwogen, zur Grundlage sowohl der Intrige als auch der Moral der Stücke machen; so kann man den Literaten, den Philosophen, den Kaufmann, Richter, Advokaten, den Bürger auftreten lassen, aber, und das ist wichtig, weil der Mensch in seinem Berufsverhalten nicht voll aufgeht, muß man auch die Bindungen des Lebens und die damit gegebenen Verpflichtungen als Vater, Gatte, Schwester oder Bruder ins Auge fassen. Hat man noch die geringste Vorstellung von dem, was ein Familienvater ist? läßt Diderot während des Gesprächs Dorval ausrufen.[10]

In diesen sozialen Verflechtungen entstehen täglich neue Konstellationen, von denen wir uns wenig wissen; wir haben zwar alle einen Stand in der Gesellschaft, doch haben wir es mit Menschen aller Stände zu tun. Hier entstehen Einzelheiten von Bedeutung, öffentliche wie private Handlungen haben hier ihren Ursprung, hier stößt man auf neue Situationen und auf unbekannte Wahrheiten.

Im Widerspruch gegen die repräsentative klassizistische Dramatik entdeckt Diderot die Wirklichkeit der bürgerlichen privaten wie öffentlichen Existenz für das Theater. »Natur« ist jetzt die Lebenswahrheit innerhalb jener zweiten Natur, welche die gesellschaftliche Wirklichkeit ist. Man hat die Philosophie aus der intelligiblen in die reale Welt geholt, wird niemand der Poesie denselben Dienst erweisen? fragt Dorval.[11] Dann aber wird möglich sein, worum es Diderot schließlich geht: daß die Wahrheit der Epoche, der lebenden Menschen auf der Bühne sichtbar wird und jeder Zuschauer sich für das Dargestellte zu interessieren vermag, weil er die Wirklichkeit seiner Zeit und seines Daseins darin wiedererkennt. —

Diese Unterhaltungen haben viel Kritik hervorgerufen, so daß Diderot noch einmal auf dieses Thema zurückkommt. Die Abhandlung »De la poésie dramatique« (1758) ist M. Grimm gewidmet, und Diderot behandelt hier noch einmal, genauer und zusammenhängend, die dramatischen Gattungen, die ernste Komödie, das moralische Schauspiel, das einfache wie das zusammengesetzte Drama, wie auch das Burleske, den Entwurf, die Anlage, den Dialog, die Exposition, die Charaktere, die Akteinteilung und die Szenengliederung, Dekoration, Kostüm und Pantomime, schließlich auch den Schriftsteller und die Kritik.

Natürlich verteidigt Diderot bei dieser Gelegenheit seine Konzeption des »drame sérieux«, für das es, gibt er zu, allerdings noch der Erfahrung bedarf. Diderot hat, man kann das nicht übersehen, zum einen dem bürgerlichen Rührstück den Weg bereitet. Zum anderen aber hat er mit seiner Forderung nach Wahrheit und Natürlichkeit die Schaubühne als moralische Anstalt verwirklichen wollen und mit der großen Tradition des französischen Dramas gebrochen. Sein Konzept von Poesie ist antiklassizistisch und wie im Widerstand gegen eine Konvention formuliert, deren einschränkende Wirkung er offenbar stärker empfand als die meisten der Zeitgenossen. So findet sich in der Schrift über die dramatische Poesie der erstaunliche Satz: »Die Poesie will etwas Ungeheures, Barbarisches und Wildes.«[12] Deutlicher konnte man den Einspruch nicht formulieren, und Diderot hat überdies darauf verzichtet, Shakespeare zu nennen. Man begreift nun umso mehr, wie beglückt Lessing gewesen sein muß, in dem großen französischen Zeitgenossen einen so konsequenten Eideshelfer zu finden.

Es bietet sich an, auch das »Paradoxe sur le comédien« (1769 begonnen) den dramaturgischen Schriften zuzuordnen, doch darf man dann nicht übersehen, daß es sich dabei nicht mehr nur um den Schauspieler handelt, sondern um Grundsätze der künstlerischen Produktion, des künstlerischen Verhaltens, die mit einer solchen Entschiedenheit erst in der deutschen Frühromantik formuliert wurden.

Das künstlerische Bewußtsein hat sich in diesem aufregenden Prosastück vom Realismus der Nachahmung und vom Vorurteil der Nachempfindung freigemacht. Warum, so lautet die Frage, »sollte der Schauspieler sich vom Dichter, Maler, Redner, Musiker unterscheiden? Nicht in der Hitze des ersten Entwurfes findet man die charakteristischen Züge, sondern erst in ruhigen, kalten Momenten, in ganz unerwarteten Augenblicken. Man weiß nicht, woher sie kommen, sie sind eine Art Eingebung.«[13] Die Hitze des Fiebers muß durch die Kühle der Überlegung gemildert werden, denn die Erregung vermag nicht mitreißend zu wirken, das schafft nur, wer sich in der Gewalt hat.

Die bedeutenden dramatischen Dichter sind aufmerksame Beobachter der sie umgebenden physischen und moralischen Welt. Die großen Künstler, »Nachahmer der Natur, wer sie auch seien, sind begabt mit einer schönen Phantasie, viel Urteilskraft, einem ausgeprägten Taktgefühl, einem sehr sicheren Geschmack, aber sie sind die denkbar gefühllosesten Menschen. Sie sind zu allem in gleicher Weise befähigt. Sie sind allzu beschäftigt mit Schauen, Erkennen und Nachahmen, um in ihrem Innern heftig ergriffen zu werden. Ich sehe sie immer mit dem Skizzenheft auf den Knien und den Bleistift in der Hand.«

Der Normalmensch empfindet, der Künstler beobachtet und arbeitet. Gefühl ist es nicht, was das Genie auszeichnet. So ist auch der Schauspieler nicht die Gestalt, die er darstellt, »verkörpert«, wie man sagt; er spielt sie nur »und spielt sie so gut, daß ihr ihn dafür haltet: die Illusion ist euer; er weiß genau, daß er sie nicht ist«[14]. Wer sich einem Gefühl hingibt, hört zu gestalten auf. In immer neuen, scheinbar paradoxen Wendungen entwickelt Diderot diesen Gedanken und meint nicht nur den Schauspieler, wenn er seine Dialogpartner vom Schauspieler sprechen läßt, bis es

schließlich heißt: »Was die Leidenschaft selbst nicht hat tun können, das leistet die gut nachgeahmte Leidenschaft.« [15]

Das ist das große Paradoxon der Kunst: daß die nachgeahmte,
in der Nachahmung gefilterte und übersetzte Wirklichkeit von
größerer Wirksamkeit ist als die Wirklichkeit selbst.

Der Erzähler

Die dialogische Struktur der Diderotschen Werke, die Phantasie, die Diderot aus Gemäldebeschreibungen Gespräche, aus seiner Dramentheorie eine Folge von Unterhaltungen werden läßt (die er mit dem Protagonisten und fiktiven Verfasser eines seiner Dramen führt), die fremden oder eigenen Werken versuchsweise eine andere Ausführung, eine andere Motivierung oder Richtung zu geben versucht, hat auch die Erwählweise Diderots geprägt, jedenfalls in den kurzen, erkundenden Geschichten und in *Jacques le fataliste (Jakob und sein Herr)*.

Das aber bedeutet mehr als nur Gesprächigkeit, bloße Laune, gar Unordnung der Gedankenwege; viel eher handelt es sich um die Fertigkeit, dem Skizzierten, dem Augenscheinlichen und Erwarteten andere Möglichkeiten unterzuschieben, das Angefangene zu unterbrechen, es versuchsweise umzulenken. Es liegt hier eine besondere Art von Souveränität vor, die darin besteht, vom jeweiligen Gegenstand nicht gefesselt oder beherrscht zu werden, vielmehr diesen zu beherrschen — das freilich um den Preis, kein im überlieferten Sinne abgeschlossenes Werk zu liefern.

Die Eingangssätze zu »Ceci n'est pas un conte« sind eine Reflexion auf dieses Verfahren. Wenn man, sagt Diderot, »eine Geschichte erzählt, dann muß einer da sein, der zuhört, und wenn die Geschichte einigermaßen lang ist, wird der Erzähler wohl meist ein oder das andere Mal von seinem Zuhörer unterbrochen werden. Deshalb habe ich in die hier folgende Geschichte — sie ist durchaus kein Märchen und wäre eine schlechte Erzählung, wenn sie Euch nicht überzeugte — eine Person eingeführt, die ungefähr die Rolle des Lesers vertritt [...]«[1].

Der Leserkontakt erleichtert das Spiel mit dem erzählten, zu erzählenden Stoff, der Leser hat eine katalysatorische Funktion für diese besondere Erzählweise, in der sich der Erzähler immer wieder mit dem Leser (oder Zuhörer) über das Vorgetragene verständigt, so als sei die Erzählsituation eine völlig reale, so wenig fiktiv, wie die Geschichte selbst es sein soll.

In mehreren Erzählungen führt Diderot in dramatisch-dialogischer Weise moralische Exempel vor, so in »Les deux amis de Bourbonne« und im »Entretien d'un père avec ses enfants«, wobei man sich fragen darf, ob dieses Gesprächsstück überhaupt noch eine »Erzählung« heißen kann, aber derartige Gattungsfragen hören hier auf, weiter noch wichtig zu sein, es sind eben Erzählstücke Diderots.

In ebendiesem Gespräch eines bejahrten Vaters mit seinen erwachsenen Kindern demonstriert der Erzähler die Berechtigung und auch die dagegen sprechenden Bedenken, sich aus gegebenem Anlaß — und nicht einmal zum eigenen Vorteil — über das Gesetz zu stellen. Er tut dies freilich so, daß die Entscheidung (die der Vater bereits getroffen hat) vom Erzähler nicht vorgegeben, sondern letztlich aufgrund einer höchst scharfsinnigen und gewissenhaften Erörterung dem Leser überlassen wird, der nun darüber befinden muß, ob der Vater bei einer heiklen Testamentsvollstreckung die richtige Entscheidung getroffen hat, als er sich streng an das Gesetz und von gesetzlosem Mitleid frei hielt.

Einfachheit, Knappheit, Raschheit und ein auf den zeitgenössischen Alltag bezogener Realismus zeichnen diese Erzählungen aus, wobei dieser Alltag ihnen eine im nicht alltäglichen Sinne bedeutende soziale Komponente verleiht. Was er mit der Behauptung vorträgt, es sei dies kein »Märchen«, ist denn auch auf einen Vorfall gegründet, dessen Zeuge Diderot selbst gewesen ist und der ihm wert schien, als ein Exempel aufgezeichnet zu werden, freilich nicht das mitreißender Tugend, die zugrunde geht, sondern eines des hartherzigen Egoismus, der triumphiert.

Das Pendant hierzu, wo die hartherzige Frau einen aufopferungsbereiten jungen Mann zugrunde richtet, handelt — noch immer unter dem Titel »Ceci n'est pas un conte« — von einer armen, schönen, überaus klugen jungen Frau, aus seinem und d'Alemberts Bekanntenkreis, die sich in einen Arzt verliebt, dem sie, weil er unbemittelt ist, gegen den Willen ihrer Familie ihr kleines Vermögen überläßt. Auch unterstützt sie ihn bei einer größeren Auftragsarbeit, lernt Griechisch, um wichtige Texte für ihn übersetzen zu können, lebt mit ihm in dürftigen Verhältnissen und reibt sich für den Geliebten auf.

Eines Tages kommt die Frau aufgelöst zu Diderot und erzählt, Dr. Gardeil habe ihr ins Gesicht gesagt, daß er sie nicht mehr liebe. Diderot nimmt sich der Sache an und erfährt von dem Arzt, die Frau sei ihm zuwider und er vermöge nichts mehr für sie zu tun, er müsse sie ihrem Schicksal überlassen. Dies alles trägt er ohne ein Wort der Anteilnahme vor, zeigt weder Dank noch Sympathie; und daß sie ihm ihren Ruf, Familie und Gesundheit aufgeopfert hat, das alles rührt ihn nicht.

Die Frau erkrankt; der sie behandelnde Arzt verliebt sich in sie, aber sie weist seine Angebote zurück. Diderot und seine Freunde versuchen ihr zu helfen, verschaffen ihr Übersetzungsaufträge, regen sie an, einen Roman zu schreiben, der ihr auch gelingt. Sie ist aber zu tief getroffen, um ein neues Leben beginnen zu können, sie zieht sich in eine Dachkammer zurück, wo sie in größter Armut stirbt.

So gibt es, das ist wahrhaftig kein Märchen, sehr böse Frauen und gutherzige Männer, wie es ausgesprochen böse Männer und aufopferungsfähige, selbstlose Frauen gibt: Der Hartherzige hat Erfolg, der Edelmütige geht zugrunde. Doch, so lautet ein Einwand, der am Schluß dieser Doppelgeschichte vorgetragen wird, man darf vielleicht den Charakter eines Menschen nicht nach einer einzigen Handlung beurteilen — »eine derart strenge Auslese würde noch weniger gute Menschen auf Erden anerkennen, als das christliche Evangelium Auserwählte in den Himmel kommen läßt«, der Mensch ist unbeständig in der Liebe, ohne deswegen gleich gemein zu sein, die Leidenschaft läßt sich nicht einfach regieren.[2]

Wer hat niemals grundlos eine Frau verraten und verlassen? Wer aber würde sich einen solchen Mann wie diesen Arzt zum Freunde wählen? »Sie zögern ... Dann ist alles gesagt, und ich kann Gott nur bitten, jede Frau in seinen heiligen Schutz zu nehmen, der Sie sich einfallen lassen könnten, den Hof zu machen.«

Der Erzähler hütet sich, ein Urteil auszusprechen, Entrüstung laut werden zu lassen; der Blick auf Unbeständigkeit des menschlichen Herzens und daraus erwachsende Niedertracht macht nachdenklich, bevor er Empörung auslöst.

Unbeständigkeit ist auch das Thema einer anderen Erzählung von Diderot (»Sur l'inconséquence du jugement public de non actions particulières«), doch ist es dieses Mal die Unbeständigkeit des öffentlichen Urteils, die freilich die des menschlichen Herzens zur Voraussetzung hat, der gegenüber die selbstgerechte Beständigkeit in Hartherzigkeit ausarten kann. So wird ein Mensch nicht nur zum Opfer der Launen des Schicksals, sondern auch zu dem des unbedachten Urteils der Menschen. Daher wird schon zu Beginn der Erzählung im Dialog das geltende Vorurteil über einen Menschen erschüttert, denn was diesen als Querulanten erscheinen ließ, war nur der Ausdruck seltener Charakterstärke. »So wird ein Ehrenmann von Mund zu Mund, deren jeder nur das lächerliche Echo des vorhergehenden ist, zu einem gewöhnlichen Kerl gestempelt, ein geistreicher Mann zu einem Narren, ein anständiger zum Schuft, ein mutiger zum Tollkopf und umgekehrt. Nein, es lohnt nicht der Mühe, auf Beifall oder Tadel dieser unverschämten Schwätzer in irgendeiner Weise Wert zu legen. Dem folgt die direkte Anrede: »Hören Sie zu, zum Teufel, und vergehen Sie vor Scham.« [3]

Nun also wird der Zuhörer, somit auch der Leser über den wahren Sachverhalt aufgeklärt, wobei freilich erkennbar wird, daß sowohl Mme de La Carlière als auch der Chevalier Desroches aller bezeugten Charakterfestigkeit zum Trotz doch nicht stark genug sind, dem öffentlichen Urteil die Stirn zu bieten; auf unterschiedliche Weise unterwerfen sie sich ihm. Aber nicht allein das: Die Unerbittlichkeit, mit der die Frau eine Untreue rächen will, durch die sie sich gekränkt fühlt, übersteigt in ihren Folgen weit den Anlaß, der sich ihr bot, auf den Buchstaben des Ehekontraktes zu pochen. Darüber richtet sie sich zugrunde und stößt den eben noch geliebten Mann ins Unglück, den das öffentliche Urteil für das ihre verantwortlich macht. Sie geht aber nicht an seiner Untreue, sondern letztlich an ihrer eigenen Härte und Strenge, an ihrem Stolz zugrunde. Mag sie auch eine hohe Auffassung von der Liebe haben, so ist ihre Liebe doch nicht größer als ihre Verletzlichkeit, ihre Eitelkeit, ihr unbarmherziger Stolz.

Doch schließlich sind nicht die Figuren mehr diejenigen, welche durch ihr Handeln Probleme aufwerfen, die sie nicht mehr oder nur zu ihrem eigenen Unheil zu lösen vermögen; die Öffentlichkeit mit ihrem wechselnden Urteil, ihrer anonymen und verantwortungslosen Rechthaberei und Grausamkeit ist es. Der Erzähler lenkt seinen Zuhörer: »Hier bitte ich Sie nun, Ihre Aufmerksamkeit von Frau von La Carlière weg auf das Publikum zu richten, diese dumme Menge, die da richtet, über unsere Ehre verfügt, die uns in den Himmel hebt oder in den Schmutz zerrt und die wir um so höher achten, je mehr wir Kraft und Tugend besitzen.« [4]

Fortdauerndes Unglück versöhnt schließlich die Menschen mit dem Vorgefallenen und den Mitmenschen, »und der Verlust ihrer Reize söhnt alle Frauen mit einer einst schönen Frau aus«. Erschien Frau von La Carlière zuerst als überspannt und tadelnswert, so gewinnt sie umso mehr Anteilnahme, je schlechter es ihr geht; aus dem Mitleid beim Anblick der Verhärmten wird Tadel und Vorwurf gegenüber dem Mann, der sie verraten hat. Als dann noch das Kind stirbt, wird Desroches schon fast zum Mörder gestempelt; auch wo niemand die Zusammenhänge kennt, wuchert doch das gefährliche Gerede, aus Vermutungen werden Überzeugungen.

Unter anderen Umständen, schlimmeren sogar, die der Menge weniger sichtbar geworden wären, hätte diese ganz anders geurteilt, ohne deswegen im Recht gewesen zu sein. Sie ist »das scheußliche Tier mit den tausend bösen Köpfen und den tausend bösen Zungen«, das nichts als Verachtung verdient. Doch wird, so heißt es vertrauensvoll, der gesunde Menschenverstand zurückkehren, und die Reden der Zukunft werden das Geschwätz der Gegenwart korrigieren. Man wird sich Desroches wieder zuwenden, dem heute alle den Rücken kehren wie einem Lumpen, man wird erfahren, daß er keiner ist.

Den Fehltritt, den er sich hat zuschulden kommen lassen, kann jeder leichthin einmal begehen, aber, läßt der Erzähler durchblikken, er hat noch seine eigenen, ein wenig ausgefallenen Gedanken »über gewisse Handlungen, die ich weniger für Laster der Menschheit als vielmehr für Folgen unserer unsinnigen Gesetzgebung halte, die zur Quelle ebenso sinnloser Sitten wird und einer Verderbtheit, die ich eher künstlich nennen möchte. Das ist vielleicht nicht sehr klar, es läßt sich aber ein andermal klären.« [5]

Von der »unsinnigen Gesetzgebung« ist bei Diderot immer wieder die Rede, so steht sie auch im Hintergrund der Erzählung von den beiden Freunden aus Bourbonne, in weit direkterer Weise aber noch in der Unterhaltung, die ein Vater mit seinen Kindern führt: Hier geht es um einen möglichen Rechtsstreit, in den der Vater des Erzählers hätte verwickelt werden können, wenn er sich nicht, trotz aller Bedenken, peinlich korrekt verhalten hätte.

Im nachhinein wird der Fall gesprächsweise entwickelt, die Anwesenden, der philosophisch orientierte Sohn, seine Schwester, sein Bruder, der Kanoniker diskutieren ihn mit dem Vater. Der Fall ist dieser: Kann ein offenkundig ungerechtes Testament unterschlagen werden, wenn man auf diese Weise ehrlichen, bedürftigen Anverwandten helfen kann, statt einem Reichen unverdient weiteren Reichtum zu verschaffen? Wie weit darf man also in der Absicht, Gutes zu tun, vom Buchstaben des Gesetzes abweichen? Wie weit, so kann man auch fragen, darf das Gewissen des einzelnen sich anmaßen, die Grenzen der festgeschriebenen Legalität zu überschreiten? Wie weit stehen Gesetz und Moralität in Einklang, und, wenn sie es nicht tun, wieso gibt das subjektive Empfinden und Urteil dem einzelnen das Recht, in seiner Entscheidung über die Vorschriften hinauszugehen, die doch die Ordnung und die Sicherheit aller gegenüber möglicher Willkür garantieren? Die Diskussion wird auf dem Boden des bürgerlichen Rechtsstaats geführt, dessen bedenkliche Zwiespältigkeit nun offenkundig wird.

Die Antwort des Erzählers ist keineswegs eindeutig, er gibt im Grunde keine Antwort. Wenn Diderot als Erzähler seine Position behauptet, so bleibt diese doch keineswegs unangefochten. Auf eine Lösung wird bewußt verzichtet; so bleibt es dem Leser überlassen, das dialogische Experiment zu durchdenken und eine Entscheidung zu fällen — wenn er dies vermag.

Was diese »historische Erzählung«, also die einer wahrhaften Begebenheit auszeichnet, das sind wiederum die kleinen, scheinbar beiläufigen Umstände, die ihr den Charakter der Wahrhaftigkeit verleihen, aber doch nicht darüber hinwegtäuschen, daß es sich bei allem Realismus um einen Essay, um ein »expériment narratif« handelt, um ein Exempel, in dem mögliche Lösungen erwogen, zu Ende geführt — und angefochten werden. Das Geschehene ist vergangen, was aber wäre geworden, hätte sich der redliche Vater seinerzeit anders entschieden? Weiter noch: Wie werden wir morgen entscheiden, wenn wir in eine ähnliche Lage geraten und unser Herz anders befiehlt, als das Gesetz es verlangt?

Der Ruf, ein rechtschaffener Mann zu sein, hat auch seine Gefahren, gibt der Vater zu verstehen, sei er doch im Begriff gewesen, sie alle, die in einem mäßigen Wohlstand lebten, zu ruinieren. Daraufhin berichtet er, wie die Erben eines verstorbenen Priesters, höchst arme Leute, ihm aufgetragen haben, die Hinterlassenschaft des Toten zu prüfen und zu ordnen. Sie erhoffen sich, was der Pfarrer im Lauf seines Lebens zusammengespart hatte. Bei der Inventarisierung des Nachlasses jedoch entdeckt er unter alten Papieren eine testamentarische Verfügung, durch die eine reiche Buchhändlerfamilie zum Universalerben eingesetzt wird.

Fundort, Alter und offenkundige Ungerechtigkeit sprechen gegen die Bestimmung; der Vater ist versucht, das Schriftstück zu verbrennen, aber er vermag die Entscheidung nicht zu fällen. Lange schwankend, beschließt er endlich doch, das Dokument nicht zu verbrennen.

Das Auftreten eines Arztes unterbricht die Erzählung und gibt die Möglichkeit, das Berichtete noch einmal durch einen Fall aus der ärztlichen Praxis zu spiegeln: Soll man einen Bösewicht, der auf den Tod krank darniederliegt, wirklich daran hindern, die Welt zu verlassen? Der Arzt jedoch erwidert, daß es seine Aufgabe sei zu heilen, nicht aber den Richter zu spielen. Man soll aber dem Wohl des Allgemeinen dienen, bemerkt der Sohn, nicht dem Missetäter. Der Arzt macht geschickt darauf aufmerksam, daß es nicht seine Aufgabe sei, einen anderen zum Verbrecher zu erklären. Wollte er anfangen, über mehr als die Krankheit zu urteilen, so hätten Leidenschaft, Vorurteil und Irrtum, Parteienhaß, Aberglauben und Fanatismus freie Bahn. Nicht einmal den Elenden einfach seinem Schicksal zu überlassen, kann er verantworten, und wenn dieser, nach seiner Genesung, vielleicht gar einen Mord begeht, so könne ihn das betrüben, nicht aber in seinem Gewissen beunruhigen.

Der Vater nimmt sodann seine Erzählung wieder auf: Er hat sich Rat eingeholt und sich sagen lassen, das Testament könnte unterdrückt werden, wenn man dem Universalerben den Schaden ersetzen würde. Es könnte sich schließlich auch um einen Akt der Wiedergutmachung des Verstorbenen gegenüber dem Universalerben handeln; wer kann sich erlauben, die Gesetze zu brechen? Die Gesinnung des Verstorbenen zu überprüfen? Über fremdes Gut zu verfügen?

Im nachhinein erschrickt der Messerschmied aus Langres: Hätte er, wie zunächst gewollt, das Dokument vernichtet und hinterher den Rat eingeholt, so wäre er von seinem Gewissen gezwungen worden, dem Erben den Verlust zu ersetzen und so sich selbst zu ruinieren.

Doch nun ist auch Mut erforderlich, den hoffenden Verwandten Mitteilung vom Stand der Angelegenheit zu machen. Er muß ihnen alles zeigen und sie schließlich wissen lassen, was los ist. Er wird zum Zeugen der von ihm hervorgerufenen Verzweiflung, des leidenschaftlichen Schmerzes, die anzusehen ihm fast unerträglich wird. Auch die Hoffnung, den reichen Erben zum Verzicht zu bewegen, schlägt fehl, es handelt sich um einen harten und geizigen Mann.

Das einsetzende Schweigen wird wiederum durch Besucher unterbrochen, ein Richter ist darunter, ein Ingenieur, ein Handwerker, und noch einmal wird der Problemfall in einem weiteren Exempel gespiegelt.

Als die Familie dann wieder unter sich ist, bespricht der Vater den Fall abermals mit seinen Kindern. Gäbe es kein Gesetz, heißt es nun, so wäre kein Diebstahl, aber auch kein Eigentum. Doch so hat es der Sohn nicht gemeint: Eigentum entsteht durch Arbeit, die guten Gesetze stammen aus der Natur, sie entspringen der Vernunft, dem Gewissen, der Billigkeit. Daß dies gefährlich sei, versucht ihm der Vater deutlich zu machen. Der philosophisch orientierte Sohn soll diese Grundsätze besser nicht öffentlich predigen, sie sind nicht für Narren gemacht, d. h. er weiß genau, daß dann ein jeder für sich Vernunft und Gewissen in Anspruch nehmen würde, und der notwendige Konsensus dann doch nicht entsteht — eher im Gegenteil wohl.

Von da kommt das Gespräch wiederum auf die Testamentsvollstreckung zurück; der Vater fragt den philosophisch orientierten Sohn noch einmal nach seiner Meinung, der ihm eröffnet, es sei dies eine schlimme Handlungsweise gewesen. Wenn er meine, im anderen Falle hätte er dem reichen Buchhändler alles erstatten müssen, so sei er nun den Enterbten etwas schuldig, ja, den Pater, der ihm den verhängnisvollen Rat erteilte, nennt er einen Schwätzer, einen Heuchler — ein Angriff, der sich nun zugleich gegen seinen Bruder, den Abbé, richtet, der den Vater dafür lobte, den Rat des Paters eingeholt zu haben. Doch der Vater will keine Anwürfe, er will Gründe hören.

Nun, entweder wollte der Verstorbene, der das Testament offenbar in einem Anfall von Hartherzigkeit gemacht hatte, dieses unterdrücken, wofür einige Indizien sprechen, oder aber er wollte grausam sein. In dem einen Falle hatte also der Vater eine gute Absicht vereitelt, im anderen aber eine Ungerechtigkeit gefördert. Es gilt, seinem Herzen zu folgen, nicht dem Rate derer, die religiöse Vorurteile vertreten. Die Religion spricht den Vater wohl frei, aber, bemerkt der freigeistige Sohn, umso schlimmer für sie! Und auch wo das Gesetz anders entschieden haben würde, umso schlimmer für das Gesetz! [6]

Man hätte immerhin, vielleicht unter Einsatz einer nicht eben bescheidenen Summe für den Prozeß, versuchen müssen, das Testament anzufechten. Dann, wirft der Abbé ein, wäre das Geld verloren gewesen, man hätte es besser gleich den Armen geben müssen, denn die Richter müssen sich an das Gesetz halten, und was hier gerechtfertigt erscheinen könnte, wäre doch nur ein Beispiel für vielfache Unordnung.

Der Vater findet das richtige Wort, indem er seinen Sohn wissen läßt, dessen Ansichten seien gut für eine Privatperson, aber unstatthaft für einen Richter. Denn der Philosoph will nach seiner Vernunft, will menschlich entschieden sehen, nicht nach der öffentlichen Vernunft und der des Richters, des Gesetzes. Reicht, so fragt er, dieses Kopfkissen der Vernunft, das sonst das gute Gewissen war, wohl aus? Hier ist das Allgemeine und Verabredete, dort der subjektive Vernunftanspruch, der, wie berechtigt auch immer, von einem jeden mit gleich guten Gründen wieder bestritten werden kann. Der Bruder weiß sofort von einem Sizilianer zu berichten, der, als die Gesetze in Verfall geraten waren, eigenmächtig Todesurteile fällte und vollstreckte. Er tat dies um der Rechtlichkeit willen und nicht zum eigenen Vorteil, doch wurde er darüber zum Mörder, obwohl er das Gesetz in Vertretung derer anwandte, die es zu sprechen verpflichtet gewesen wären.

Leicht kann das berechtigte Mitleid zu weit führen, demonstriert der Vater noch an einem anderen Beispiel, und abermals lautet die Frage im Hintergrund: Wo ist die Grenze berechtigter Korrekturen dieser Art? Wo wird Großmut, Billigkeit und Barmherzigkeit zu Anmaßung, Willkür und Unrecht?

Ein neuer Streitfall über die Freiheit der beiden Geschlechter scheint einen neuen Disput einzuleiten, da bricht der Vater ab, um sich schlafen zu legen, und sagt dem philosophisch tätigen Sohn: »Ich wäre nicht böse, [...] wenn in einer Stadt ein oder zwei Bürger lebten wie du. Aber ich würde auswandern, wenn sie alle so dächten.«[7]

Hier werden überaus scharfsinnig die Antinomien des bürgerlichen Rechtes entwickelt. Diderot konzipiert dazu einen Dialog, keine Erzählung im konventionellen Sinne, und die Lösung zu finden, überläßt er dem Leser. Allgemeine Weisheit und Tugend würden das Gesetz wohl überflüssig machen; darf aber darum jeder, der auf seine Weisheit, seine Tugend pocht, sich über die Gesetze stellen? Darf er seine Vernunft für die allgemeine nehmen? Ist nicht ein ungerechtes Gesetz, das man immerhin abzuändern sich bemühen kann, immer noch besser als gar keins?

Scheinbar resignierend, wird hier in Wahrheit doch eine rebellische Position verteidigt und die Unterordnung unter das Bestehende als ein vorübergehender Zustand erklärt, da auch die Gesetze, die Sitten, die Vorurteile, die Unvernunft und Ungerechtigkeit hervorbringen, ja zu perpetuieren scheinen, nicht von Dauer sein können. Hier berührt sich Diderot auf das engste mit den Überlegungen, die Kant in seiner »Beantwortung der Frage: Was ist Aufklärung?« angestellt hat, in welcher er nicht der Willkür, sondern der die soziale Wirklichkeit verändernden Vernunft das Wort redete. Die Einsicht in die Vorläufigkeit des Bestehenden läßt wirkliche Resignation nicht zu.

Die Art der Erzählung, das Wie, klärt uns auch auf über das Wieso und Warum; Diderot wird auf diese mäeutische Darstellungsform immer wieder zurückgreifen, und wo er auf sie verzichtet, findet er andere Formen der Beleuchtung und Kommentierung dessen, was er vorgetragen hat. So auch in der Erzählung von den beiden Freunden aus Bourbonne: Es lebten hier zwei Freunde, entfernte Verwandte, gemeinsam aufgewachsen und auf das engste verbunden. Der eine hat dem anderen schon einmal das Leben gerettet, und als der eine das Los zog, das ihn zwang, zur Miliz einzurücken, da folgte ihm der andere freiwillig zum Militärdienst.

Es geschieht, was geschehen mußte: Beide verlieben sich in dasselbe Mädchen, und als Felix von der Neigung seines Freundes Olivier erfährt, zieht er sich einfach zurück. Olivier heiratet, sein unglücklicher edler Freund aber sucht die Gefahr und widmet sich schließlich dem Schleichhandel. Hier nun beginnt die Geschichte.

Felix ist aufgegriffen und zum Tode verurteilt worden. Als Olivier dies erfährt, verläßt er Frau und Kinder und eilt nach Reims, den Richter um Gnade anzuflehen. Der Richter hält ihn hin, bis es beinahe zu spät ist. Im allerletzten Moment befreit er mit Hilfe des aufgebrachten Volkes den Freund gewaltsam, und während der Freund entkommen kann, wird er selbst tödlich verletzt und stirbt, unmittelbar nachdem er wieder zu Hause eingetroffen ist. Der Erzähler, der bisher kaum sichtbar wurde, dramatisiert den Vorgang, indem er die letzten Worte zitiert, mit denen Olivier sich an seine Frau wendet: »[...] komm her, daß ich dich umarme, ich sterbe, aber das Narbengesicht ist gerettet.«[8]

Nunmehr führt der Erzähler ganz in die Gegenwart, während, was bis dahin geschehen ist, sich in fernen Zeiten hätte abgespielt haben können. In einer Strohhütte findet er mit seinen Bekannten eine Frau und vier Kinder, die nichts weiter sagt, als daß sie deren Mutter sei und keinen Mann mehr habe. Man beeilt sich, ihr Hilfe anzubieten, und bei dieser Gelegenheit erfährt der Erzähler die ganze Vorgeschichte.

Hier erkennt man, daß Seelengröße und erhabene Eigenschaften in allen Ständen und in allen Ländern zu finden sind, der stirbt im Verborgenen, dem nur eine andere Bühne nötig gewesen wäre. Man muß den edlen Wilden nicht in den Kolonien suchen, deutet er an.

Der Fortgang der Geschichte bedeutet eine Steigerung: Felix floh in die Wälder, wo er gute Leute fand, meinte den Freund nun befreien zu müssen, den er jetzt an seiner Stelle eingekerkert glaubte, verlor aber schon beim Verlassen des Waldes einen treuen Gefährten und erfährt schließlich von der Witwe seines Freundes den ganzen Sachverhalt. Er läßt sich gesund pflegen, verheiratet sodann die Tochter seines toten Gefährten, eines Kohlenbrenners, mit Oliviers ältestem Sohn und überläßt ihnen den Erlös aus seinem bescheidenen Besitz. Dann verläßt er, ständig in Gefahr, aufgegriffen zu werden, die sonderbare Hausgemeinschaft. Doch findet er schließlich Dienste bei einem Edelmann, der von den Vorgängen erfahren hat und Gnade für ihn erwirkt.

So könnte alles ein gutes Ende nehmen, wenn nicht sein Herr in einen eher geringfügigen Rechtsstreit verwickelt worden wäre, in dem sich Felix bei Gelegenheit provoziert fühlt und Partei ergreift, was zu Ausschreitungen führt, die schließlich eine neuerliche Verhaftung zur Folge haben. Nur mit Hilfe der Tochter eines Aufseher kann sich Felix letztlich befreien. Der Flüchtling findet Dienste in der preußischen Garde.

Hier endet der Bericht eines geistlichen Gewährsmannes, den der Erzähler als Fortsetzung einschiebt. Doch dem folgt noch das Schreiben eines gelehrten Theologen und Pfarrers, das in seiner kommentierten Qualität von mimisch-satirischer Anteilnahme ein kleines Glanzstück pharisäerhafter Selbstdarstellung ist, denn, so lesen wir hier, was ist alle Tugend, wenn sie der Frömmigkeit, der Ehrfurcht vor der Kirche und ihren Vertretern wie der Unterwerfung unter die weltlichen Gesetze entbehrt? Die Hilfe, die man den beiden Witwen wohl zukommen lassen möchte, wäre für frömmere Geschöpfe besser angewandt.

In einem weiteren Zusatz liefert der Erzähler einige, ein wenig willkürlich zusammengestellte Anmerkungen zu den Formen erzählerischer Darstellung; er unterscheidet das erhabene, das wunderbare und das historische Erzählen, über das er sich in selbstironischer Wendung auch wieder lustig macht. Er tut so, als sei er auch seiner schon überdrüssig — und erzählt eben doch, wobei »historisch« so viel bedeutet wie der Wirklichkeit entsprechend, aus der die erzählten Begebenheiten stammen. Kleine Details garantieren den Wahrhaftigkeitsgrad, um den es ihm geht. Nicht breite Ausmalung und kalkulierte Farbigkeit gewährleisten das Kolorit, sondern Einzelzüge, die er wie nebenbei anbringt. Auf ausführliche Beschreibungen verzichtet Diderot, riskiert sogar eine gewisse Farblosigkeit, aber er besitzt Tempo, das mit der Fähigkeit zu raffen einhergeht; er arbeitet mit Kontrasten und ist eines höchst eindrucksvollen Lakonismus fähig.

Die Geschichte von Wilderern und Schmugglern ist die von »Verbrechern aus verlorener Ehre«, die aber weder Verbrecher sind noch ihre menschlich-bürgerliche Ehre verloren haben, sondern im Gegenteil die erstaunlichsten Beispiele von Ehre, Freundestreue und Opferbereitschaft geliefert, aber doch ihr bürgerliches Ansehen darüber preisgegeben haben, weil sie in ihrer natürlichen Rechtlichkeit mit dem kodifizierten Recht in einen Konflikt gerieten, an dem sie ohne Beistand der christlichen Ratgeber zerbrechen sollten. Im Gegensatz zu den in der Gesellschaft herrschenden Gepflogenheiten knüpft das Unglück die Bande der Freundschaft nur fester. Auch hier besitzt, wie in Diderots Dramaturgie, der im Verborgenen existierende Stand eine ihm eigene Würde, so daß es darum gehen muß, auch den Armen und Verachteten aus Zuständen zu befreien, welche die in ihm schlummernde Würde nur verkümmern lassen. —

Diderots erster frivoler Roman *Les bijoux indiscrets* (1748) hatte ihm den Ruf eingebracht, in einem Genre mit anderen Autoren konkurrieren zu wollen, das man als »schlüpfrig« verachtete (und dennoch nicht so ungern las). Diderot aber hat sich dieses Genres offenkundig nur bedient, um die Unbeständigkeit der menschlichen Neigungen zu demonstrieren und eine Frauen- wie eine Gesellschaftssatire zu verfassen. Mit diesem Vorgehen zeigt er den Unterschied zwischen Anspruch und Wirklichkeit, zwischen natürlichem Anstand und heuchlerischer Tugend auf, er tut dies spielerisch-ironisch, seine Satire ist nicht die der sittlichen Entrüstung.

Als sehr viel schärferer Angriff erweist sich der zweite Roman Diderots, *La Religieuse (Die Nonne)* (1760), der, einer Mystifikation entsprungen, nicht nur die herrschende Praxis vorführt, junge Mädchen und Frauen ohne ihre Einwilligung auf Lebenszeit in ein Kloster zu verbannen, sondern auch die Praxis des Klosterlebens deutlich kritisiert.

Das Werk erscheint als Erlebnisbericht der Nonne, und was sie enthüllt, wird zur Anklage der herrschenden Zustände. Dabei ist Diderot von seinem Gegenstand offenbar in einer Weise gefesselt, die ihn zuweilen Chronologie und Wahrscheinlichkeit vergessen läßt, wozu dann auch gehört, daß die argumentativen Fähigkeiten der fiktiven Nonne, die hier berichtet, ihren sonst eher naiv erscheinenden Charakter übersteigen. Diderot hat sich hier nicht verbergen können, wie er es sonst zu tun vermochte. Freilich, auch wo Diderot sich als Erzähler verbirgt, hat er doch immer noch eine besondere Weise sich zu zeigen.

Dies erweist sich in seinem »Roman« *Jacques le fataliste et son maître (Jakob und sein Herr)* (entstanden zwischen 1765 und 1784), den man auch als Anti-Roman bezeichnet hat, womit allerdings noch nicht viel gesagt ist. Immerhin ist es insofern kein Roman, als es sich um eine Sammlung von Erzählungen und Anekdoten handelt, die durch das Motiv der Reise, eines planlosen Unterwegs-Seins eher, wie durch den sich ironisch kommentierenden, Erzählmöglichkeiten andeutenden Erzähler lose zusammengehalten werden. Löst man die einzelnen Abschnitte und Abenteuer heraus, so gewinnt man eine gewisse Geschlossenheit der so isolierten Teilstücke, dann aber opfert man das Spiel mit der Erzählweise, mit Unterbrechung und Aufschub, Kommentar, Erwartungshaltung und wiederholt überraschender, allen Vermutungen zuwiderlaufender Auflösung.

Herr und Diener, die hier unterwegs sind, reisen aus unbekannten Gründen und offenbar nur, damit sie der Erzähler in die Lage versetzt, Geschichten zu erzählen (oder anzuhören, was die Aufgabe des Herrn zu sein scheint). Es fehlt dabei weder an moralischen Beispielen aus der oberen Gesellschaftsschicht noch aus den unteren Ständen, wodurch es auch an schwankhaften oder pikarischen Momenten nicht mangelt.

Man kann die Erzählmanier von Sterne und dem *Tristam Shandy* herleiten, aber man darf nicht vergessen, daß, wo bei Sterne alles Aufschub und Verzögerung, ja Verschleppung bedeutet, die Unterbrechungen bei Diderot zwar zur Suspension des eben begonnenen erzählerischen Teilstücks dienen, der »Aufschub« aber niemals Verzögerung bedeutet, sondern Moment eines neuen Einsatzes wird, so daß die Teilstücke, die spät oder gar nicht mehr zusammenkommen, durch den Text des Ganzen kaum noch geeint, wie in ungeheurer Beschleunigung dahinwirbeln. Überhaupt hat man Mühe, von einem Ganzen, einem Text, einem »Roman« zu sprechen.

Eher ist es schon ein lang geführtes, ständig unterbrochenes, von neuen Dialogen durchschossenes Gespräch, das der stets plaudernde Jacques mit seinem geduldigen, langweilig liebenswürdigen Herrn führt, doch wird dieses Gespräch auch wieder durch das des Erzählers mit dem Leser unterbrochen. Gegen dessen Erwartungen scheint sich dieses Erzählen zu richten, ihm zuliebe, vielleicht um ihn zu verstören, werden Widersprüche und Paradoxien auf- und eingebaut, er darf die durchkomponierte Unordnung durchaus als Zumutung empfinden. Der Erzähler versichert denn auch, daß es sich um keinen Roman handelt, aber es ist zweifellos auch mehr als nur eine Sammlung von Liebesgeschichten aus allen Ständen, die allein durch den Erzähler lose zusam-

111

mengehalten würden, so wenig wie dies durch das Motiv der Reise geschieht, auf der eben erzählt wird, nicht allein von Jacques, sondern u. a. auch von der Wirtin zum »Grand-Cerf«.

So hatte Schiller nur scheinbar recht, wenn er eine der erstaunlichen Episoden aus dem »Ganzen« herauslöste und es dem deutschen Publikum als »Merkwürdiges Beispiel einer weiblichen Rache« präsentierte; er hatte unrecht, da er das verwegene Spiel Diderots mit Erzählweise, Unterbrechung, Aufschub, Kommentar, gespannter Erwartung, unglaublicher Lösung und der überraschenden, allen Vermutungen zuwiderlaufenden Wendung des eigentlichen Abschlusses ignorierte. So geht auch in dieser Geschichte letztlich wiederum alles anders aus als geplant und von den Beteiligten oder Opfern zunächst vorauszusehen war; die Menschen sind schließlich doch keine Marionetten.

Der Fatalismus des Dieners ist allerdings ein stets wiederkehrendes Motiv: Was hienieden sich ereignet, ob gut oder böse, steht schon dort oben geschrieben. So geschieht alles, ohne gewollt oder durchgesetzt zu werden, geschieht anders, als berechnet worden war; der Zufall regiert die Welt, die Reise und die Erzählung, die immer wieder auf offenbar nicht eingeplante, vorgezeichnete Nebenwege abschweift.

Angeblich will der Erzähler nur die Torheiten aufschreiben, die der Leser begeht, was diesen wiederum ärgert, während der Erzähler dabei sein Vergnügen findet. Was könnte er nicht alles erfinden, fügen, kombinieren, kontrastieren, abbrechen und wirkungsvoll zu Ende führen? Ein Romanautor würde das tun, er, der Erzähler, mag aber Romane (angeblich) nicht, er will nur eine Geschichte erzählen, er will nur »wahr« sein: »Mon projet est d'être vrai«[9].

Deshalb, läßt er durchblicken, erfindet er nichts, entwickelt keine Abenteuer; das Abenteuerliche liegt im — Erzählen. Diderot parodiert den Roman, er spielt mit den möglichen Variationen des zu Erzählenden. Er freut sich, daß er auch anders verfahren könnte, er ist »frei«.

Wie mit Jacques und seinem Herrn haben wir es auch mit Erzähler und Leser zu tun. Herr und Diener begegnen in ihrem ungefähren Unterwegs verschiedenen Gestalten, es sind erzählte Figuren, die wiederum von Figuren berichten, die sie gekannt oder über die sie etwas Erzählenswertes erfahren haben. Auch auch Figuren, die in der Erzählung erzählt werden, können, wie der Marquis, den die Rache der Frau von Pommeraye traf, Jacques und seinem Herrn »in Wirklichkeit« begegnen.

Was sich ereignet, auf vielfachen Ebenen des Erzählens vergegenwärtigt wird, ist verständlich und plausibel, aber die Menschen sind es nicht, sie haben Schwächen und Leidenschaften, Tücken und Marotten und sorgen dafür, daß alles ganz oder eben etwas anders ausgeht, als vorauszusehen war. Darin, nicht im Erzählen, liegt die wahre Unordnung. Es ist die der Welt, in die wir vergebens Plan und Ordnung, Folge und Zusammenhang hineinzudeuten versuchen.

So ist auch Jacques nicht der Fatalist, als der er sich gibt und in elenden Lagen zu trösten und den auf seine Unabhängigkeit pochenden Herrn zu provozieren versucht. Wohl ist der Herr, den Jacques erzählend wie auch sonst herumführt, ein wenig blaß, aber Jacques mag ihn, denn er ist verständnisvoll, nachgiebig und human. Er fühlt sich frei, doch er weiß nicht zu entscheiden und zu handeln; abgesehen davon, daß er der Herr seines Jacques ist und deshalb auch gar keinen Namen hat, ist er überflüssig. Jacques, der als Determinist erscheint, ist ihm überlegen, weil er intelligenter und weil er zu handeln in der Lage ist. So wird der Herr von diesem Diener abhängig, das Herr-Sein hängt von diesem Diener ab, aber nicht nur deshalb hängt er an ihm.

Doch geht es nicht allein um das Verhältnis von Herr und Diener. Es geht auch um die Liebe, die hier in zahllosen Erscheinungsformen durchgespielt wird, »jenseits von Gut und Böse«. Zwar ist dieses Dialog-Buch kein Liebesroman, doch ist es eben eine Sammlung von Liebesgeschichten, je nachdem schwankhaft, frivol oder auch beinahe tragisch. Insofern hier immer wieder vom Herzen des Menschen erzählt wird, ist es auch ein Buch über die Liebe. Auch, denn es stimmt schließlich nicht ganz; der pikarische Mutwille liegt nicht allein im Erotischen, er liegt mehr noch im Erzählen. *Jacques le fataliste* erscheint so im doppelten Sinne als Versuch: als Versuch über Freiheit und Prädestination und als Versuch über das Erzählen, in dem der Erzähler die volle Freiheit immer wieder zurückgewinnt, die er an seinen Stoff zu verlieren droht, so wie sich die erzählten Figuren, in welche Situation sie auch gezwungen werden, durch Handeln und Verhalten immer wieder einen Freiraum schaffen.

Dritter Teil

Sozialkritik und Utopie

Wie sehr sich Diderot auch dem Atheismus zu verschreiben und einen evolutionären Materialismus zu erkunden beginnt, im politischen Bereich scheint er als »philosophe« minder radikal zu sein. Seine Sozialkritik trifft, obschon nicht in gleicher Schärfe, alle Stände. Auch Jacques, der Fatalist, wird keineswegs so geführt, daß er seinen Herrn abschafft, um sich an dessen Stelle zu setzen, was ihn selbst sehr bald zum überflüssigen und also abschaffbaren Herrn machen würde. Es genügt ihm, seinem Herrn aus gegebenem Anlaß zu demonstrieren, wie er ihn zu führen vermag, dies bei Gelegenheit sogar wie eine sorgfältig für eben diesen Zweck hergerichtete Marionette: Er hat den Sattelgurt gelockert, und als der Herr vom Pferd steigen will, fängt er den Stürzenden noch eben auf. Der Herr will ihn strafen, es kommt zum Streit: Lachend läßt Jacques seinen Herrn immer um das Pferd herum hinter sich herlaufen — bis beide erschöpft sind. Dann aber sagt Jacques, daß er das absichtlich getan habe und erläutert seinem empörten Herrn, das nun doch erwiesen sei, wie oft wir handeln, ohne es zu wollen, Dinge sagen, die wir gar nicht sagen wollten, daß er seine, des Dieners, Marionette gewesen sei und es in seinem Belieben gestanden hätte, ihn noch einen Moment länger seinen Hanswurst sein zu lassen.[1]

Freilich war dies nur ein Spiel, zu welchem der Erzähler nun den Herrn eine leidlich gute Miene machen läßt, aber diese Art von spöttischer Insubordination (die keineswegs die erste ist) wirft ein Licht auf die Standesverhältnisse, das nicht minder scharf und kalt ist als das, welches Beaumarchais einige Jahre später im *Le mariage de Figaro* auf diese werfen wird, wo Figaro bereit ist, dem Grafen aufzuspielen, wenn dieser tanzen will.

In der »Promenade du sceptique« hatte Ariste seinem Gesprächspartner erklärt, er betrachte die Dinge seiner Umwelt und finde nur zwei, die seiner Aufmerksamkeit wert sind, leider just die, worüber zu sprechen ihm verboten worden sei: »Imposez-moi silence sur la religion et le gouvernement et je n'aurai plus rien à dire.«[2]

Im *Enzyklopädie*-Artikel »Autorité politique« wird Herrschaft als ein »öffentliches Gut« interpretiert, damit wird auch die Verantwortlichkeit von Herrschaft und ihre etwaige Einschränkung mitbedacht; die Einschränkung der Gewalt aber läßt auf eine neue Art von Souveränität schließen; es ist die des Volkes.

Insofern hat Diderot weniger Schweigen über die Herrschaft bewahrt, noch weniger über die Religion, als man zunächst vermuten könnte. Aber mit Entschiedenheit äußert er sich erst in den letzten zwölf Jahren seines Lebens; dies könnte mit den Erfahrungen zusammenhängen, die er während seiner Reise an den Hof der Zarin Katharina II. hat machen können, Erfahrungen über die Willkür auch der gutwilligen Herrschergestalten und, damit zusammenhängend, über die Grenzen und Gefahren des aufgeklärten Absolutismus.

Ein utopischer Vernunftoptimismus war Diderots Sache nicht; er war zu skeptisch, um ihn zu pflegen, zu skeptisch auch, um radikal zu sein, aber er war entschieden genug, die Dinge beim Namen zu nennen, Anpassung als Anpassung, Schwäche als Schwäche, Käuflichkeit als Käuflichkeit anzuprangern, und den Verrat des Geistes an die Macht empfand er als Schande, die er nicht verschweigen wollte.

Was ihn an aufgeklärt absolutistischen Herrschaftsverhältnissen zum Widerspruch reizte, war die offenkundige Willkür, die diesen inhärent war: Der besondere Wille kann, je nach Belieben, gut oder böse sein, den allgemeinen Willen hingegen hält er, wie der Artikel »Naturrecht« in der *Enzyklopädie* zeigt, für gut und der Täuschung nicht fähig. Er allein belehrt den Menschen als einzelnen darüber, wie weit er Mensch, Bürger, Untertan, aber auch Vater oder Sohn sein soll, wann er zu leben habe und wann zu sterben sei. Der allgemeine Wille legt die Grenzen aller Pflichten fest.

Die Grundsätze des allgemeinen Willens lassen sich in den rechtlichen Prinzipien der gesitteten wie in den gesellschaftlichen Verhaltensweisen der wilden und barbarischen Völker finden. Noch die Feinde der Menschheit sind in ihren Übereinkünften davon nicht frei, selbst in der Empörung und im Ausbruch des Rachegefühls wird er wirksam, denn er ist das Band für alle Gesellschaften.

Daß nun Gesittung nicht einfach in der Befolgung der kodifizierten Rechtsgrundsätze bestehen kann, das entwickelt Diderot, ohne deswegen die Aufhebung aller Ordnungen zu fordern, in seinen moralischen Erzählungen. Er erkundet hier die Grenzen, sowohl des Rechtes als auch der Selbsthilfe, des praktizierten Kirchenchristentums wie auch der Verständnisfähigkeit der teilnehmenden Menschen. Er beschreibt sie nicht, er führt sie vor, und indem er sie vorführt, entnimmt er ihnen die Argumente.

Im »Entretien d'un père avec ses enfants«, wo es doch darum geht zu erforschen, wie weit sich ein rechtlich denkender Mann notfalls über die Gesetze erheben kann, heißt es an einer Stelle: »Wir nennen uns zivilisiert und sind schlimmer als die Wilden. Wir müssen anscheinend noch jahrhundertelang von Unsinn zu Unsinn, von Irrtum zu Irrtum taumeln, um dahin zu gelangen, wohin uns ein Fünkchen Vernunft, schon der Instinkt allein, geradenwegs geführt hätte.«[3] Offenbar ist, dem Philosophen zufolge, der sogenannten zivilisierten Menschheit nicht nur der ursprüngliche Instinkt abhanden gekommen, sondern auch die bescheidenste Reaktionsform der Vernunft. Diese Wildheit, die schlimmer ist als die der Wilden, ist offenkundig das Produkt einer Entwicklung, in der die ausgebildete Vernunft alle Wirkungsmöglichkeiten verloren hat. Welcher Umsturz, welche grundsätzliche Veränderung könnte das Taumeln von Unsinn zu Unsinn, den Tanz von Irrtum zu Irrtum unterbinden?

Die Wilden, die wir so oft verachten, scheinen gesitteter zu sein; nicht ohne Pikanterie vermerkt der Erzähler, mit Blick auf die zwei Freunde aus Bourbonne, daß nicht allein die Wilden gut sind. Schon ist der »gute Wilde« zur Klischeevorstellung geworden, als sei der Edelmut, die Menschlichkeit, die Herzensreinheit ein Privileg der von der Zivilisation weitgehend unberührten Völker. Dahinter steht die Sehnsucht nach der reinen Menschennatur, also, wenn man will, nach paradiesischen Zuständen. Rousseaus Gesellschaftskritik hat dabei eine Rolle gespielt, seine enthusiastisch-naive Vorstellung von der erst durch die zivilisatorische Entwicklung verdorbenen, ursprünglich reinen und guten Menschennatur. Entscheidend aber waren für die Entwicklung solcher Vorstellungen die Berichte der Reisenden, die solchen Menschen einmal begegnet waren.

Durch die Berichte der Reisenden wird nicht allein die Kenntnis des Erdkreises, der Natur- wie der Gesellschaftsformen unermeßlich bereichert; die Europäer stoßen bei ihrer Entdeckung bislang unbekannter Völkerschaften auf frühe Formen der Zivilisation, in denen sie bald die Vorstufen der eigenen Entwicklung zu sehen lernen. Die Reisen in der Weite des geographischen Raums werden zu solchen in die Ferne der historischen Zeit; die Kindheitsphasen der eigenen Gattung scheinen sich zu enthüllen. Nur in dieser Form wird die Begegnung mit dem Naturzustand fremder Völker zur Erkenntnis dessen, was man das Eigene nennt.

Genauere Beobachtung, Vergleich und Nachdenken führen

dann auch zu einer Relativierung nicht nur der eigenen Überlegenheit, die oftmals nur noch eine der intellektuellen und der technischen Fertigkeiten ist, sondern überhaupt des zivilisatorischen Anspruchs der Europäer und ihres moralischen, christlich geprägten Selbstverständnisses. Europa erkennt sich nun in den von den Europäern gemachten Entdeckungen, es sieht seine Ansprüche in Frage gestellt. Die Wilden mögen weniger zivilisiert sein als die Europäer, aber sie sind in mancher Hinsicht viel gesitteter, lautet die nachdenklich machende Folgerung aus manchen der Reiseberichte, soweit diese nicht der Versuchung erlegen waren, die sich den Reisenden aufdrängte, die unbekannte Ferne in die Farben des Fabelhaften und des Wunderbaren zu tauchen.

Es war insbesondere die Inselgruppe von O-Taheite (Tahiti) im Stillen Ozean, die das Interesse und die Bewunderung der Entdecker wie der Leser auf sich zog. Die Fahrten und die Berichte von Wallis, Cook, Bougainville und Forster erregten Neugier, Staunen, ja, auch Neid. Hier schien eine vollkommen glückliche Welt zu liegen, fruchtbar, vom Klima begünstigt und von Menschen bewohnt, die einfach, gutherzig, gastfreundlich und friedliebend im Stand einer vollkommenen Unschuld lebten, die ihnen auch eine erotische Freizügigkeit nicht etwa gestattete, sondern zur Selbstverständlichkeit gemacht hatte, welche die Europäer, je nachdem, amüsierte oder faszinierte.

Die europäischen Seeleute, die europäischen Leser erkannten, was ihnen abhanden gekommen war, andere erkannten aber auch (J. Cook deutet es an, G. Forster spricht es direkt aus), welch glückliche Lebenszustände durch den gewaltsamen Einbruch der Europäer, mochten sie nun als Reisende, als Handeltreibende oder als Eroberer kommen, tödlich bedroht waren. Die Kontakte mußten zu einer Veränderung der Sitten, der Verhaltensformen, der Bedürfnisse und endlich der bis dahin »unberührten« Naturzustände führen. Das Paradies der »exotischen Idylle« konnte diese Berührung nicht überstehen. Da dies schon früher geschehen war und auch später noch geschehen sollte, wird Tahiti zum Paradigma. Als solches hat es Diderot sofort erkannt.

In seinem »Supplément au voyage de Bougainville« (1772) bezieht sich Diderot nicht nur fiktiv auf die Beschreibung der Reise, wie der französische Seefahrer sie vorgelegt hatte und die im Tahiti-Aufenthalt ihren Höhepunkt fand. Diderot (der auch eine Rezension von Bougainvilles Darstellung verfaßt hat), kontrastiert den guten Wilden mit dem ihm scheinbar überlegenen Europäer, er stellt der unnatürlichen Zivilisation den Naturzustand gegenüber, in den die Bewohner des Südsee-Archipels gleichsam eingebettet existieren. Durch die Europäer und ihre Errungenschaften sind nun die Freiheiten, die Sanftheit der Sitten, die Simplizität der Gastfreundschaft, die sich auch auf die in der Hütte lebenden Frauen ausweiten kann, in Gefahr. Der Naturzustand kann in der Berührung mit der Zivilisation nicht fortbestehen, das Unheil nimmt seinen Lauf. So wird der Nachtrag zur Reise Bougainvilles zur geschichtsphilosophischen Reflexion. Was Utopie hätte werden können, wird zu einem Stück bezaubernder Vergangenheit, das gewissermaßen in den Abgrund der fortschreitenden Geschichte gerissen wird.

Anders als Bougainville, der die Bewohner Tahitis mit einem Bewußtsein wahrnimmt, das durch die Lektüre der klassischen Idyllendichtung und die Schäfertändelei des 18. Jahrhunderts geprägt ist, läßt Diderot sich nicht blenden. Aber er übt nicht etwa Kritik an Bougainville, weil dieser nicht anders wahrzunehmen und zu beschreiben in der Lage war, er würdigt vielmehr die Ergebnisse seiner Reise, zu der schließlich auch die genaue, detaillierte und fesselnde Beschreibung seiner Weltumsegelung gehört.

Wiederum bedient sich Diderot der Dialog-Form; den vierteiligen Nachtrag beginnt er mit einer Beurteilung der Reise:

Einer der Dialogpartner, als B. bezeichnet, der gerade die Rei-

122

sebeschreibung Bougainvilles gelesen hat, wird gefragt, was er davon halte, und erwidert knapp, es seien drei Vorteile anzuführen: zum einen eine verbesserte Kenntnis unserer Heimstatt und ihrer Bewohner, zum anderen mehr Sicherheit auf den Weltmeeren, die er mit dem Senkblei in der Hand durchquert hat, schließlich größere Genauigkeit unseres Kartenmaterials. Bougainville fuhr mit den erforderlichen Kenntnissen und den seinen Zwecken entsprechenden Eigenschaften los: philosophische Wahrnehmungsweise, Mut und Wahrhaftigkeit, er besaß den scharfen Blick, der die Dinge erfaßt und die Beobachtungsdauer verkürzt, Umsicht und Geduld, das Verlangen zu sehen, sich aufzuklären und zu lernen, dazu Kenntnisse in Mathematik, Mechanik, Geometrie, Astronomie und eine hinreichende Kenntnis der Naturgeschichte.[4]

Das ist es, was man von einem tüchtigen Seemann verlangen kann, dem derartige Unternehmen zugemutet werden; diesen Eigenschaften und Neigungen entspricht ein Stil, der als kunstlos, der Sache angemessen, einfach und klar bezeichnet wird, »besonders, wenn man die Sprache der Seeleute beherrscht«. Sodann ist von der Route und den Entbehrungen die Rede, die mit einer derartigen Reise verbunden sind, von den Gefahren und den Zufällen, um schließlich bei den Sonderbarkeiten zu verweilen, bei Fakten, die unerklärlich zu sein scheinen und die Bougainville sich auch nicht zu erklären bemüht. Es genügt ihm, die Tatsachen festzustellen, er spekuliert nicht, um Erklärungen zu liefern. Das entspricht nun auch dem Selbstverständnis Bougainvilles, soweit er sich dazu am Anfang seines Berichtes äußert.

Hierin unterscheidet er sich von manchen Reisenden, die, mit sehr viel Einbildungskraft ausgestattet, oft übertreiben, was sie erblicken, und die Proportionen davon verändern, da sie doch, wie Diderot boshaft bemerken läßt, den zurückgelegten Weg und die erlittene Mühsal rechtfertigen müssen. Diese berechtigte Anspielung dient aber bereits der Absicht, die Glaubwürdigkeit des folgenden zu verstärken, da Bougainville zu eben diesen Reisenden nicht gehört.

Es ist auch von jenem Aoturu die Rede, den Bougainville auf der »Boudeuse« nach Frankreich mitgenommen hatte, der sich in der Fremde langweilte und sich nach seiner Heimat sehnte. Das, bemerkt B., erstaune ihn nicht, und er fügt hinzu, die Reise Bougainvilles sei die einzige, die in ihm eine Neigung zu einem anderen Lande als dem seinigen geweckt habe. Bis dahin habe er gemeint, man fühle sich nirgends so wohl wie bei sich zu Hause, was wohl für jeden Erdbewohner gelten dürfte. Es liege dies an der Anziehungskraft der heimatlichen Erde.

Was wird der inzwischen heimgekehrte Aoturu seinen Landsleuten zu erzählen haben? fragt A. Die Antwort ist knapp und genau: »Wenig, und das werden sie nicht glauben.«[5] Wenig, weil er nur wenig begriffen und weil seine Sprache für das, wovon er eine ungefähre Vorstellung besitzt, keine entsprechenden Ausdrücke hat. Man wird ihm nicht glauben, weil die Tahitianer beim Vergleich ihrer Sitten mit den europäischen eher den Aoturu für einen Lügner als uns für so verrückt halten werden. Auch das wird von B. erläutert: Das Leben der Wilden ist so einfach, und unsere Gesellschaften sind so kompliziert, heißt es, aber mehr noch und grundsätzlich: Der Tahitianer rührt an den Anbeginn, der Europäer an das Alter der Welt. Der trennende Abstand ist größer als der zwischen dem Kind und dem hinfälligen Menschen. Unsere Bräuche und Gesetze sind ihm unverständlich, er erblickt in ihnen nichts als Fesseln, die ihn in seinem Freiheitsdrang empören.

Auf einen Einwand seines Gesprächspartners hin versichert B., daß es sich um keine Fabel handelt und daß an der Aufrichtigkeit Bougainvilles nicht zu zweifeln ist, wenn man seinen Nachtrag gelesen hat.

Damit ist die Exposition geliefert; während draußen der Nebel fällt und es also hell zu werden beginnt(!), wenden sich die beiden Franzosen dem (fiktiven) Nachtrag zu, in dem Bougainville mit Hilfe eines des Spanischen kundigen Inselbewohners die Abschiedsworte aufgezeichnet hat, die ein ehrwürdiger Greis, der auch in der Reisebeschreibung Erwähnung findet, an seine Landsleute und vor allem an die zur Abfahrt bereiten Europäer richtete.

Die Tränen der Tahitianer sollten nicht der Abreise der Fremden gelten, sondern besser ihrer Ankunft, heißt es. Noch hat man sie nicht erkannt in ihrem Ehrgeiz, ihrer Bosheit. Doch eines Tages werden sie wiederkehren, das Stück Holz in der einen, das Schwert in der anderen Hand, sie zu ketten, zu ermorden oder ihren Lastern zu unterjochen. Es gibt ein Mittel, das zu verhindern, sagt der Alte bedeutungsvoll, aber sie sollen gehen, sie sollen am Leben bleiben.

Dann wendet er sich Bougainville als dem Anführer dieser Räuber zu und fordert ihn zur raschen Abfahrt auf: »Wir sind unschuldig, wir sind glücklich, und du kannst unserem Glück nur schaden; wir folgen dem reinen Naturtrieb, und du hast versucht, seine Wesensart in unserem Gemüte zu tilgen.«[6] Die Fremden haben das Land in Besitz genommen, die Frauen, die sich ihnen gastfrei überließen, verdorben, doch der Tahitianer, den er wie Vieh in Besitz nehmen will, ist sein Bruder, sind sie doch beide Kinder der Natur!

Die Sitten seines Volkes nennt er »vernünftiger« als die der Fremden, und ihr Wissen, das ihm unnütz scheint, will er nicht gegen die eigene Unwissenheit eintauschen. Alles, was sie benötigen, besitzen sie und sind nicht deshalb verachtenswert, weil sie keine überflüssigen Bedürfnisse erfunden haben. Werden sie einmal beginnen, die Grenzen ihrer Bedürfnisse zu überschreiten, wann wird die Arbeit dann wieder enden? Er solle sie mit seinen künstlichen Bedürfnissen und chimärischen Tugenden verschonen. Aber schlimmer noch: Die Umarmung der Fremden hat den

Frauen das Gift gebracht, mit dem die gesunden, schönen und kräftigen Körper verdorben werden. Aus dem Liebesgenuß ist Verbrechen und Gefahr geworden. Der Mann im schwarzen Gewand hat den Jünglingen und Jungfrauen die sehnsüchtig erwarteten Liebesfreuden als etwas nicht Statthaftes zu verleiden gesucht. Mehr noch: Die Fremden haben sogar wegen eines belanglosen Diebstahls das Blut eines Mannes vergossen. Schließlich will es der alte Mann dem Meer überlassen, Rache für die von den Fremden auf dem Boden Tahitis verübten Verbrechen zu nehmen.

Daß in diesen Worten europäische Vorstellungen und Wendungen enthalten sind, erklärt B. sehr einfach durch die über das Spanische vermittelte Übersetzung. Es gilt dies auch für den zweiten Teil des Nachtrags, das Gespräch zwischen dem Schiffskaplan und dem zufällig des Spanischen kundigen Inselbewohner.

Als dieser ihm als seinem Gast am Abend seine Frau und seine Töchter anbietet, wie es der Brauch ist in diesem Lande, da wehrt sich der Kaplan, da Stand und Sitte ihm nicht erlauben, das Angebot anzunehmen. Weil Oru, der Tahitianer, dies nicht begreifen kann, kommt es zu einem längeren Gespräch. Was heißt Stand? Die erste Pflicht ist schließlich, Mensch zu sein. Er muß ja nicht so in seiner Heimat verfahren, aber auf Tahiti heißt es doch, den Landessitten zu entsprechen, heißt es auch, dem Brauche folgend, seine Dankbarkeit zu bezeugen. Der Kaplan hat schließlich Mühe, sich dem Liebreiz der jüngsten Tochter zu entziehen, so daß er am nächsten Morgen an der Seite des jungen Mädchens erwacht und sich nicht ohne Bedenken der sonderbaren Lage bewußt wird. Die Tochter aber ist sehr zufrieden, und die ganze Familie findet Anlaß, sich bei dem Gast zu bedanken. Oru aber will wissen, was das für eine Sache ist, die Religion.

Mit dem Hinweis auf den Schöpfergott versucht der Kaplan ihm klarzumachen, worum es sich handelt, stößt aber auf Unverständnis: Ein ubiquitäres und gestaltloses, schaffend tätiges Wesen vermag er sich nicht vorzustellen. Es scheint sich, bemerkt Oru, um einen teilnahmslosen Vater zu handeln, er müsse außerdem recht alt sein, mindestens so alt wie sein Werk. Er ist alterslos, bedeutet ihm der Kaplan, und hat unseren Ahnen die Gesetze gegeben, Vorschriften und Verbote. Verboten ist also, daß ein Mann mit einer Frau schläft? Es gibt eben, muß sich Oru klarmachen lassen, Bedingungen, unter denen die Liebe gestattet ist; Mann und Frau müssen sich für das ganze Leben binden.

Diese Vorschriften findet Oru widernatürlich und widervernünftig. Sie verursachen Verbrechen und müssen den Schöpfer in Zorn versetzen, denn er befiehlt, und die Menschen gehorchen ihm doch nicht. Wie kann ein freies, empfindendes, denkendes Wesen zum Eigentum eines anderen werden? Zur Ware werden? Gibt es etwas Unvernünftigeres als ein Gebot, das keine Veränderung gestattet, die doch im Menschen liegt, da er unbeständig ist? Oru ist froh, von diesem Gott nichts zu wissen.

Gut und Böse, meint Oru, ergeben sich aus der Beschaffenheit der Dinge und der Handlungen, an ihre Natur hat man sich zu halten, an die Beziehungen zu seinesgleichen, an die Wirkung seines Verhaltens auf den eigenen Nutzen und das allgemeine Wohl. Daß das Gute dem Bösen und das allgemeine dem eigenen Wohl vorgezogen werde, ist der »ewige Wille der Natur«. Die Art, wie Verstöße im Lande der Fremden geahndet werden (eheliche Untreue etwa durch allgemeine Mißbilligung), bedeutet für Oru lediglich, daß der Unverstand des Volkes die Gerechtigkeit ausübt und an die Stelle der Gesetze nur die Torheit der Meinungen tritt. Für ihn ist diese Gesellschaft eine Schar von Heuchlern, welche die Gesetze heimlich mit Füßen treten.

Gegenüber den Widersinnigkeiten, die bei den Fremden an der Tagesordnung sind, praktiziert man, wie der Kaplan von Oru erfährt, auf Tahiti die Ehe aufgrund beiderseitiger Zustimmung, sie dauert, so lange man nicht sich zu trennen beschließt. Da Kinder

127

als Reichtum, nicht als Belastung gelten und von allgemeinen Abgaben unterhalten werden, ergeben sich auch hier keine Probleme, zumal die Vaterschaft nicht bei einer Trennung aufgehoben wird. Die Zirkulation von Frauen, Männern und Kindern herrscht hier anstelle jener von Waren, wie sie im Land der Fremden üblich ist. Unfruchtbarkeit scheint die einzige Form von Unzüchtigkeit zu sein, Blutschande oder Ehebruch sind es jedenfalls nicht. Dem Entsetzen des Kaplans begegnet Oru mit der Warnung, die Sitten Tahitis nicht an denen des eigenen Landes zu messen.

Vergewaltigung oder Eifersucht scheinen so gut wie unbekannt zu sein, und wenn Gatten- oder Mutterliebe nur schwach entwickelt sind, sind sie doch durch das starke Band des Interesses ersetzt worden. Ganz frei von Interesse ist auch die erotische Freizügigkeit nicht, mit der sich Tahitis Frauen den Europäern nähern: Die Kinder aus einer solchen Verbindung könnten etwas von der Intelligenz mitbekommen, welche die Europäer offenkundig auszeichnet. So entrichten auch die Gäste ihre Abgaben. Für die Widernatürlichkeit der mönchischen Gelübde hat Oru sowieso kein Verständnis, doch daß die Fremden barbarischer sind als die Bewohner von Tahiti, das ist ihm inzwischen deutlich geworden.

Diderot scheut sich nicht, die Verständnislosigkeit Orus satirisch auszubeuten, so wenig wie er sich scheut, ihn zuweilen argumentieren zu lassen, als habe er in der *Enzyklopädie* gelesen. Um einen derartigen Realismus kümmert er sich im Zusammenhang mit dem Modell, das er, von Bougainvilles Beschreibung ausgehend, entwirft, überhaupt nicht.

Im vierten Teil kommentieren A. und B., was sie gelesen haben, und fragen nach den Folgerungen, die aus der Kenntnis von den Sitten eines nicht zivilisierten Volkes zu ziehen sind. Da ist zum einen die Einsicht, daß es, wenn die Grenze der natürlichen Bedürfnisse einmal überschritten ist, kein Einhalten mehr gibt, woraus weiter folgt, daß es außer auf jenen entlegenen Inseln nirgendwo

Gesittung (moeurs) gegeben hat noch geben wird. Gesittung aber heißt hier knapp und nüchtern: die allgemeine Unterwerfung unter gute oder schlechte Gesetze und das daraus folgende Verhalten. Sind die Gesetze schlecht, so sind es auch die Sitten; doch ob sie nun gut oder schlecht sind, der schlimmste Zustand der Gesellschaft ist der, in welchem die Gesetze nicht befolgt werden. Wie aber soll man Gesetze befolgen, die sich widersprechen? Immer gab es für die Menschen drei Arten von Gesetzen: das natürliche, das staatliche und das der Religion. Diese aber widersprechen sich, so daß nirgendwo ein Mensch wirklicher Mensch, wirklicher Staatsbürger und wirklich gläubig war.[7]

So läuft der im wesentlichen von B. gelieferte Kommentar darauf hinaus, daß unsere Zustände und Verhaltensweisen unnatürlich und eigentlich sittenlos sind, daß wir mit imaginären Tugenden und Lastern existieren, daß die Tyrannei des Mannes, der die Frau als Eigentum betrachtet, die Liebe verdorben hat, daß wir vom Glück und von der Natur unsagbar weit entfernt sind. Not und Krankheit allein führen uns wieder auf die ursprüngliche Einfachheit zurück, in der wir aller künstlichen Verhaltensweisen und falschen Normen entkleidet sind. Selbst die anarchische Barbarei Kalabriens, behauptet B., richtet weniger Schaden an, als unsere Sitten es tun.

Was aber ist zu tun? Sollen wir in den Naturzustand zurück? Sollen wir den gesetzlichen Zustand hinnehmen? Es scheint nur eine Lösung zu geben: den Widerstand gegen die unvernünftigen Gesetze, um ihre Veränderung herbeizuführen, und sich bis dahin ihnen zu unterwerfen. Wer eigenmächtig ein Gesetz übertritt, das er für schlecht erachtet, gibt jedem anderen das Beispiel, auch gegen ein gutes Gesetz zu verstoßen.

Diderot hat einem Gesprächspartner noch eine Fabel in den Mund gelegt, die eine Geschichtsphilosophie in nuce darstellt, es ist, wie B. erklärt, der Abriß der Geschichte unseres Elends:

»Es gab einmal einen natürlichen Menschen. In das Innere dieses Menschen hat man einen künstlichen Menschen eingepflanzt, und so ist in der Höhle ein dauernder Krieg entstanden, der das ganze Leben hindurch anhält. Mal ist der natürliche Mensch der stärkere, mal wird er vom künstlichen und moralischen Menschen erdrückt, und im einen wie im anderen Falle wird das beklagenswerte Ungeheuer hin und her gerissen, gepeinigt, gefoltert, auf das Rad geflochten; unaufhörlich wimmernd, ohne Ende unglücklich, sei es, daß eine falsche Begeisterung für den Ruhm es fortreißt und berauscht, oder daß falsche Schmach es beugt und niederdrückt.«[8]

Die Rede des alten Tahitianers war der Abschied vom Naturzustand, vom glücklichen Leben, dessen Geheimnis darin lag, daß es von diesem Glück nichts wußte. Es war das Paradies vor dem Sündenfall. Diderot weiß, daß es ein Zurück nicht gibt, daß man nicht mit dem entfalteten Bewußtsein in die bewußtlosen Glückszustände heimkehren kann. Aber experimentierend stellt er die Ordnung der Herrschenden, positives Recht, Ehe und Eigentum in Frage — mit dem schlichten Hinweis auf die Tatsache, daß glückliche Gesellschaften das alles nicht kennen. Deshalb kann man sich auch nicht anders als der Kaplan verhalten: als Franzose in Frankreich und den Sitten der Tahitianer gemäß auf Tahiti.

Diderot legt weit mehr vor als einen Kommentar zur Reise Bougainvilles; er malt keine Exotismen aus, sondern zeichnet die Welt im Zustand der zivilisatorischen Kindheit. Der künstliche Mensch, der den natürlichen martert, ist der bewußte. Den jedoch kann man nur gesünder wünschen, nicht aber abschaffen.

»Rameaus Neffe«
und die Anfechtung des Philosophen

Seit die Dialog-Prosa »Le neveu de Rameau« zuerst in der Übersetzung Goethes (1805) bekannt wurde, dessen Bewunderung für Diderot bis in das hohe Alter nicht nachließ, hat dieses dramatisch und explosiv wirkende Gespräch zwischen dem Philosophen (Moi) und dem genialen Parasiten und Ungeheuer (Lui), der ein Neffe des großen Komponisten ist, nicht aufgehört, die Nachwelt zu beschäftigen.

In Deutschland war das Echo, bis auf wenige Ausnahmen, wie vor allem bei Hegel, eher noch negativ als nur zurückhaltend.[1] In Frankreich war nach dem Auftauchen einer französischen Version der Dialog Diderots auch nicht eben ein Erfolg — Sainte-Beuve erwähnt ihn nur nebenbei —, aber er wurde im Lauf des 20. Jahrhunderts zu einem der meist diskutierten französischen Prosawerke des 18. Jahrhunderts. Es gibt keinen Grund, der Feststellung eines neueren Interpreten zu widersprechen, der erklärte, dieses Werk sei durch die Tiefe des Gedankens und die Kühnheit der Technik das genialste in der französischen Literatur des 18. Jahrhunderts.[2]

Diese Feststellung ist gültig, obwohl der Dialog durch eine Fülle schwer zu erläuternder Anspielungen, Anekdoten und Fakten aus der Zeit seiner Entstehung an Verständlichkeit nicht eben gewinnt und auf den ersten Blick ganz eingebettet zu sein scheint in ein Milieu, das uns völlig fern gerückt und gleichgültig geworden ist (was schon Goethe dazu bewog, den Dialog durch eine Fülle von Anmerkungen zugänglicher zu machen). Aber was zunächst ein so lebhaftes wie kurioses ausschnitthaftes Bild aus einem Pariser Milieu von etwa 1760 zu sein schien und daher für viele Leser bald schon an Interesse verlieren konnte, war schließlich sehr viel mehr als eine rasch hingeworfene und amüsante Zeitsatire. Was einigen als geistvolles Nebenwerk Diderots gelten mochte, erwies sich letztlich als eine seiner wichtigsten Arbeiten, wenn nicht als sein Meisterwerk überhaupt.

Die Milieustudie, das hat Hegel sofort begriffen, war ein dramatischer Ausdruck der Krise, der Wahrheit des »zerrissenen Bewußtseins« der Moderne; was als Zeitphänomen erfaßt worden war, war mehr als das, nämlich Symptom.

Hauptfigur dieser Satire auf die Gesellschaft ist der Neffe des berühmten Rameau, der sich im Gespräch mit dem ihm wohlwollend und interessiert entgegenkommenden Philosophen selbst darstellt — dies in einem Maße, daß das »Moi« des Philosophen oft nur noch als Resonanzboden für die nicht abreißenden Erzählungen, Sophismen, Frechheiten, Anekdoten und Pantomimen einer wahrhaft proteischen Natur erscheint. Ausnahmsweise hat Diderot hier auch einmal ein Porträt vorgelegt: Eine der »wunderlichsten Personnagen« nennt er ihn, die das Land hervorgebracht hat.

»Es ist eine Zusammensetzung von Hochsinn und Niederträchtigkeit, von Menschenverstand und Unsinn; die Begriffe vom Ehrbaren und Unehrbaren müssen ganz wunderbar in seinem Kopf durcheinander gehen: denn er zeigt, was ihm die Natur an guten Eigenschaften gegeben hat, ohne Prahlerei, und was sie ihm an schlechten gab, ohne Scham. Übrigens ist er von einem festen Körperbau, einer außerordentlichen Einbildungskraft und einer ungewöhnlichen Lungenstärke. Wenn ihr ihm jemals begegnet, und seine Originalität hält euch nicht fest, so verstopft ihr eure Ohren gewiß mit den Fingern, oder ihr entflieht. Gott, was für schreckliche Lungen!«[3]

Nach dieser Wendung an den Leser fährt der Erzähler fort:

»Und nichts gleicht ihm weniger, als er selbst. Manchmal ist er mager und zusammengefallen, wie ein Kranker auf der letzten Stufe der Schwindsucht; man würde seine Zähne durch seine Backen zählen; man sollte glauben, er habe mehrere Tage nichts gegessen, oder er käme aus La Trappe. Den nächsten Monat ist er feist und völlig, als hätte er die Tafel eines Finanziers nicht verlassen, oder als hätte man ihn bei den Bernhardinern in die Kost gegeben. Heute, mit schmutziger Wäsche, mit zerrissenen Hosen, in Lumpen gekleidet und fast ohne Schuhe, geht er mit gebeugtem Haupte, entzieht sich den Begegnenden, man möchte ihn anrufen, ihm Almosen zu geben. Morgen, gepudert, chaussiert, frisiert, wohlangezogen, trägt er den Kopf hoch, er zeigt sich, und ihr würdet ihn beinah für einen außerordentlichen Menschen halten.

So lebt er von Tag zu Tag, traurig oder heiter, nach den Umständen.«

Ein außerordentlicher Mensch ist er schon, nur auf andere Weise, als wir ihn dafür nehmen würden. Zumindest ist er ein Original, das der Erzähler zu schätzen vorgibt, da er doch die Einförmigkeit des konventionellen bürgerlichen Lebens unterbricht, das Herkommen und Sitte, Normen und Nutzen langweilig gemacht haben; so weiß er das belebende Moment, das in Rameau liegt, wohl zu schätzen. Mehr noch: In einer Gesellschaft wirkt er wie ein wenig Hefe, die das Ganze hebt und jedem etwas von seiner natürlichen Individualität zurückgibt. Er wirkt als vitalisierendes Moment und treibt, wie es heißt, die Wahrheit hervor. Wie er die Anständigen erkennbar macht, so entlarvt er auch die Halunken, so hört man ihm zu und sucht sich seine Leute aus.

In dieser Charakterisierung wird das folgende, wie kunstvoll es auch immer wieder auf verschiedenen Ebenen verschlungen sein mag, bereits gedeutet: Der junge Rameau treibt die Wahrheit hervor. Dies gelingt ihm durch den ständigen Widerspruch, der in seinen Worten, in seinem Wesen liegt. Aber es ist der in der

Gesellschaft ruhende Widerspruch, der so ans Licht gebracht wird, die Anarchie des sich selbst behauptenden Egoismus der warentauschenden und genießenden Gesellschaft, den Rameau seinerseits ausnutzt, bestätigt und spiegelt. Er ist der von der Gesellschaft selbst hervorgetriebene Widerspruch.

Was Hegel diagnostiziert und nicht etwa nur beschreibt, ist der Bewußtseinszustand des Neffen Rameaus, einer, der historisch und daher exemplarisch ist, er deutet ihn in dem Satz: »Der Inhalt der Rede des Geistes von und über sich selbst ist also die Verkehrung aller Begriffe und Realitäten, der allgemeine Betrug seiner selbst und der andern, und die Schamlosigkeit, diesen Betrug zu sagen, ist eben darum die größte Wahrheit.«[4]

Diese Redeweise, diese Selbstdarstellung ist also die des jungen Rameau im Gespräch mit dem Philosophen, in dem er die Verkehrung aller Begriffe und den durchgängigen Betrug mit lächelnd selbstzufriedener Aufrichtigkeit zur Schau stellt. Mehr noch: Er setzt dem manchmal vertrauensvollen, manchmal resignierenden Tugendglauben des Philosophen in einer Weise zu, daß dieser die größte Mühe hat, sich zu behaupten. Das redliche, gute, ein wenig borniert bürgerliche Bewußtsein sieht sich mit einer geradezu elementaren Kraft konfrontiert, die nach und nach allem, was es sein eigen nennt, Hohn spricht, und dies zuweilen in derart überzeugender Weise, daß der Boden zu wanken beginnt. Die Widersprüche, die sichtbar werden, sind die der Wirklichkeit, d.h. sie sind in der Basis der Gesellschaft angelegt. Der junge Rameau spricht den krassen Egoismus als seine und seiner Mitwelt Wahrheit aus, der Tugend- und Glücksanspruch des Philosophen aber wird dabei in Frage gestellt. Die Anarchie seines Verhaltens, als Form des Existenzkampfes einer in das 18. Jahrhundert verschlagenen, durch und durch pikarischen Gestalt, ist zumindest eine Analogie, wenn nicht sogar eine Folge der in der Gesellschaft sich durchsetzenden, noch eben von Gesetzen gebändigten Anarchie der sich befreienden, ökonomisch allmählich zu sich gekommenen bürgerlichen Gesellschaft.

Wie die Verhältnisse beschaffen sind, spricht der Neffe Rameaus, der Hungrige, der Parasit, der Verschlagene, in diesem Gespräch sehr bald schon aus und weiß es bei Gelegenheit geschickt zu wiederholen: »Sonst sagt man: guter Ruf ist goldnen Gürtel wert. Indessen nicht immer hat der einen goldnen Gürtel, der guten Ruf hat. Aber das ist heutzutage gewiß: wer den goldnen Gürtel hat, dem fehlt der gute Ruf nicht. Man muß, wenn's möglich ist, den Ruf und den Gürtel haben. Das ist mein Zweck, wenn ich mich gelten mache, und zwar durch das, was Ihr unwürdige, niederträchtige, kleine Kunstgriffe scheltet.«[5]

Längst ist der goldene Gürtel nicht mehr Zeichen der adligen Abstammung wie ein Wappen, Rameau versteht es schon richtig; das Geld ist zum herrschenden Element in der Gesellschaft geworden: Wer es besitzt, braucht für Ehre und Ansehen nicht mehr zu sorgen. Deshalb heißt es auch wenig später in umgekehrter Wendung und in der Form der über die Frage entscheidenden Maxime: »Man mag sich stellen wie man will; man entehrt sich nicht, wenn man reich ist.«[6] Das ist die Lektion, die ihm die Gesellschaft beigebracht hat, und er hat sie gut gelernt. Alles andere ist nichts als Eitelkeit, es lohnt nicht, rechtschaffen sein zu wollen. Die Tugend ist eine Grille und die Ehre nicht für jedermann. Unsinn ist es schließlich auch, wie der Philosoph zu meinen, es sei dasselbe Glück für alle Welt gemacht. Nein, das ist nur für einen romanhaft geprägten Geist, für eine sonderbare Seele. Diese Laune nennt man dann Tugend, nennt sie Philosophie, aber beide sind nicht für alle Welt. Eine weise und philosophisch gesinnte Welt würde ziemlich traurig sein. Besser ist es, sich an die Weisheit Salomonis zu halten, gute Weine zu trinken, köstliche Speisen zu genießen, hübsche Weiber zu haben und in weichen Betten zu liegen. Der Rest, versichert Rameau dem Philosophen, ist eitel.

Der aber, überhaupt ein wenig zurückhaltend, wenngleich nicht schweigsam, so doch wortkarg und keineswegs sich in glänzender Rede entfaltend, vermag mehr oder minder entsetzt nur an das zu erinnern, was im allgemeinen erwartet wird, an die bürgerlichen Pflichten: Sollte es eitel sein, das Vaterland zu verteidigen? Er muß sich die wahrhaft schlagende Antwort gefallen lassen: »Eitelkeit! Es gibt kein Vaterland mehr. Von einem Pol zum andern sehe ich nur Tyrannen und Sklaven.«[7]

Seinen Freunden dienen, seine Pflichten erfüllen, sich um die Erziehung seiner Kinder kümmern, das alles ist Eitelkeit, und immer hat Rameau jr. eine treffende Erklärung dafür bereit.

Als sich der Philosoph bei Gelegenheit dann auch danach erkundigt, wie die Leute sich wohl verhalten, denen er bei Tisch seine provozierenden Ansichten vorträgt, ob denn einer wage, ihm zuzustimmen, da muß sich der Philosoph belehren und sich zugleich seiner Weltfremdheit überführen lassen: Jemand? Einer? So empfindet und spricht die ganze Gesellschaft.

Wahrscheinlich übertreibt er ein wenig, denn sonst wäre Rameau doch nicht der Außenseiter, als der er erscheint, als der er sich auch zuweilen fühlt. Doch in einer derart unterstellten allgemeinen Zustimmung deutet sich an, daß man ihm, der bei den Reichen gewissermaßen als an einem kleinen Hofe existiert, das auszusprechen gestattet, weil man weiß, daß sein Egoismus der aller ist, nur eben nackter, seine Habgier die aller, nur unverhüllter, seine Grausamkeit die aller, nur ohne Heimlichkeit. Er hat gelernt, was ihn, der die allgemeinen Zustände, die versteckt unter der Oberfläche liegen, offenlegt, noch eben als tolerabel erscheinen läßt: die Kunst nämlich, das erforderliche Maß noch einzuhalten, bestimmte Grenzen nicht zu überschreiten, sich der Strafe der Gesetze wie auch der Schande zu entziehen. Man muß, das weiß er gut, die Dissonanzen in der sozialen Harmonie geschickt anbringen, die vollkommenen Akkorde sind nur platt.

136

Eine solche Dissonanz im gesellschaftlichen Zusammenklang ist der junge Rameau selbst, der den Anspruch auf die Stillung seiner Bedürfnisse in einer Welt anmeldet, die alles hat und vergeudet, ohne schon zu akkumulieren, die aber nicht zugeben will, daß die materiellen Bedürfnisse die Voraussetzung von allem sind, wie Rameau dies eben ausspricht: Das Gold ist alles, und ohne das Gold ist der Rest nichts.

Deshalb vermag er auch, in seiner mittellosen Existenz gefangen, von Tugend so wenig zu sprechen wie von Freiheit. Ein entschiedener Fatalismus, Folge der von Jugend an erfahrenen Abhängigkeiten, kennzeichnet sein Denken, seine Rede. Das Glücksrad regiert die Welt, in der nichts beständig ist. Verfluchte Umstände führen uns, und sie führen uns schlecht. Die Natur bestimmt wohl die Menschen, doch scheint es, daß sie sich dabei zuweilen auch vergreift. Seine Perspektive ist nicht so erhaben wie die des Philosophen, und sie kann es nun einmal nicht sein, gesteht er. Jeder folgt seinem Zwang, den Geboten, die mit seiner Stellung zusammenhängen, so tut es die Raupe, so auch der Gärtner. Aber die Menschen einfach nach ihren Stellungen einzuteilen, ist Rameaus Sache nicht:

»Ich bin in dieser Welt und bleibe drin; aber wenn es natürlich ist, Appetit zu haben — denn ich komme immer zum Appetit zurück, zu der Empfindung, die mir immer gegenwärtig ist —, so finde ich, daß es keine gute Ordnung sei, nicht immer etwas zu essen zu haben. Welche Teufelseinrichtung! Menschen, die alles übervoll haben, indessen andre, eben auch wie sie mit ungestümen Mägen, wie sie mit einem wiederkehrenden Hunger, nichts für ihre Zähne finden. Und dazu ist die gezwungene Haltung, in der uns das Bedürfnis hält, das allerschlimmste. Der bedürftige Mensch geht nicht wie ein andrer; er springt, er kriecht, er krümmt sich, er schleppt sich und bringt sein Leben zu, indem er Positionen erdenkt und ausführt.«[8]

Das ist so genau wie eindringlich, und der Philosoph, der aufgrund der allgemeinen Abhängigkeit alle Menschen in sogenannten »Positionen« (Stellungen wie auch, in der Choreographie, bestimmte künstlich geforderte Schritte in der Pantomime) weiß, muß gestehen, was Rameau die Bettlerpantomime nennt, ist nichts anderes als der große Reigen dieser Erde.

Es scheint, als werde den Ärmsten eine revolutionäre Rolle zugesprochen, aber man muß wohl vorsichtig sein, denn zunächst geht es doch nur um das Hervortreiben der Dissonanzen und um den Widerspruch zwischen dem üppigen Dasein der Reichen und dem Bettelvolk, das für diese seinen Reigen aufzuführen scheint, gibt es doch in der Umgebung der Großen keine bessere Rolle als die des Narren.

Immerhin kann der Philosoph nicht umhin, etwas sonderbar zu finden, was Rameau seine Würde nennt, der sich sehr wohl wegzuwerfen bereit ist, aber nicht auf Befehl, sondern allein nach eigenem Belieben. Jeder hat eben die seine, bemerkt Rameau: »Ich will die meine vergessen, aber nach Belieben, und nicht auf fremden Befehl. Sollte man mir sagen: krieche! und ich müßte kriechen? Der Wurm kriecht wohl, ich auch, und wir wandern beide so fort, wenn man uns gehen läßt; aber wir bäumen uns, wenn man uns auf den Schwanz tritt. Man hat mich auf den Schwanz getreten, und ich werde mich bäumen.«[9]

Dieses Sich-wahren- und Sich-wehren-Wollen ist das Produkt seines Selbstbewußtseins. Noch in der Erniedrigung will Rameau wissen, daß er sich nur erniedrigt, so lange er es will oder zuläßt, also nicht in vollkommen sklavischer Abhängigkeit von denen, deren Gunst oder Duldung ihn am Leben oder doch bei leidlicher Gesundheit und Kräften erhält. Der Sohn eines Apothekers aus Dijon und Neffe des großen Komponisten, selbst Komponist, auch wenn niemand seine Stücke spielt, weiß etwas in seiner Brust, das ihm sagt, er solle sich nicht einfach ihren Anweisungen fügen. Es ist mit der menschlichen Natur eine gewisse Würde verbunden, die nicht ohne weiteres zu ersticken ist: Sie erwacht ohne besonderen Anlaß und schlummert wieder ein, um Raum zu lassen für das niederträchtigste Verhalten. Es ist dies die Würde, die sich noch darin behauptet, daß einer sich wissentlich und freiwillig erniedrigt, so wie im Offenlegen der vollen niederträchtigen Verlogenheit — die Wahrheit liegt. Das ist der Widerspruch des jungen Rameau.

Der stoisch wirkende Philosoph, der fasziniert diesen sonderbaren Menschen betrachtet und sich außerhalb des Konkurrenzkampfes und des Machtbereichs befindet, dem es um Ruhm, Einfluß, Einwirkung nicht geht und der von Tugend spricht, der Pflichten und Verantwortung ernst nimmt, macht auf den Repräsentanten der genialischen Bohème viel weniger Eindruck als dieser mit seiner paradoxen, zugleich weggeworfenen und behaupteten »Würde« auf ihn. Dies zeigt sich vor allem in jenen Abschnitten der Unterhaltung, welche die Erziehung betreffen.

Rameau erkundigt sich nach der Tochter des Philosophen, von der ihm dieser lieber nichts erzählen möchte. Er hat, so scheint es, Angst, zu viel zu sagen; Rameau ist eine nicht ganz ungefährliche Bekanntschaft. Was er sie denn lernen lasse, will dieser wissen. »Vernünftig denken, wenn's möglich ist — eine seltne Sache bei Männern und noch seltner bei Weibern.«[10] Der junge Rameau scheint nicht viel davon zu halten, was ist's schon mit der Vernunft? Sie sollte besser hübsch, kokett und unterhaltend sein, meint er. Der Philosoph sieht das anders: Die Natur hat das Kind etwas stiefmütterlich behandelt, dafür ist es empfindsam und von zarter Figur. Die Tochter ist nicht derb und kräftig genug, den Mühseligkeiten des Lebens ausgesetzt zu werden. »Nein, wenn es möglich ist, so lehre ich sie das Leben mit Mut zu ertragen.« Tanz, Musik, Gesang und dergleichen sind weniger wichtig, unterstreicht der Philosoph, als Grammatik,

Fabel, Geschichte, Geographie, ein wenig Zeichnen, fügt er noch hinzu, »und viel Moral«.

Er muß sich aber gleich von Rameau belehren lassen, wie leicht es diesem wäre zu zeigen, wie unnütz alle diese Kenntnisse in einer Welt wie der unsrigen sind. »Was sage ich: unnütz? vielleicht gefährlich.«

Als man nach einiger Zeit wieder auf diesen Gegenstand zurückkommt, fragt der Philosoph nach dem Kind Rameaus. Da er seinen Sohn närrisch liebt, werde er wohl versuchen, die Wirkung der väterlichen Erbanlage ein wenig einzudämmen? Das wäre wohl eine unnütze Arbeit, erwidert Rameau und erläutert dies mit einer fatalistischen Argumentation:

»Ist er bestimmt, ein rechtlicher Mann zu werden, so würde ich nicht schaden; aber wollte die Urfaser, daß er ein Taugenichts würde wie der Vater, so wäre die sämtliche Mühe, ihn zu einem ehrlichen Manne zu machen, ihm sehr schädlich. Indem die Erziehung immer den Hang der Erbfaser durchkreuzt, so würde er, wie durch zwei entgegengesetzte Kräfte gezogen, den Weg des Lebens nur schwankend gehen, wie man deren so viele sieht, die sich gleich linkisch im Guten wie im Bösen benehmen. Das heißen wir Espècen; von allen Spitznamen ist dies der fürchterlichste, denn er bezeichnet die Mittelmäßigkeit und drückt die höchste Stufe der Verachtung aus. Ein großer Taugenichts ist ein großer Taugenichts, aber er ist kein Espèce.« [11]

So tut er nichts an der Erziehung seines Sohnes, freut sich viel eher seiner guten Anlagen, denn er ist schon gefräßig, aufdringlich, faul, verlogen, ein kleiner Gauner also — »ich fürchte, er wird nicht aus der Art schlagen«.

Nun, diese Befürchtung ist nichts als ein ironisches Zugeständnis an den Philosophen; im Grunde soll der kleine Bengel sich entfalten, wie es seinen Anlagen entspricht, ein Original werden wie der Vater und nicht »so etwas« wie alle anderen. Nur

Musiker soll er nicht werden, dafür durch Gaunereien reich und dementsprechend angesehen. Rameau weiß schließlich Bescheid: Es gilt zu lernen, wie man sich beizeiten der Entbehrung, der Schande, der gesetzlichen Verfolgung zu entziehen hat. Nur so gelingt es, die kalkulierte Dissonanz in der — wohl eigentlich falschen — Harmonie der Gesellschaft zu bewahren. Und das ist keine gute Erziehung, die nicht ohne Gefahr und Ungelegenheiten zu allen Arten von Genuß führt.

Am Ende ist man sich beinahe einig, aber der Philosoph verzichtet darauf, sich genauer zu erklären. Er weiß, daß er damit nicht weit kommen würde.

Zwar scheint er das letzte Wort zu behalten, wenn er Rameau daran erinnert, daß die Dinge des Daseins ihren Preis haben, der aber nicht den Wert des Opfers kennt, das er bringen muß, sie zu erlangen. »So tanzt Ihr die schlechte Pantomime, Ihr habt sie getanzt und werdet sie tanzen.«[12] Er wird wohl immer derselbe bleiben und verabschiedet sich von dem Philosophen mit der sprichwörtlichen Wendung »wer zuletzt lacht, lacht am besten«.

Wer hat nun wirklich das letzte Wort? Es wäre nicht schwierig gewesen, Rameau minder genial, minder lebhaft und dafür um einiges widerlicher zu zeichnen, den Philosophen dagegen rascher argumentieren und stets überlegen erscheinen zu lassen. Diderot hat es nicht getan; er hätte dann das Gespräch seiner Sprengkraft beraubt. Man erkennt bald, daß der Philosoph als »klassischer Idealist« dem erfahrenen Pragmatiker und Materialisten nicht selten wie wehrlos gegenübersteht. Seine Einwände und Ansprüche scheinen fehl am Platze.

Doch zeigt er auch wiederum nicht die Schwäche, die Unterhaltung empört abzubrechen und dem Halunken mit all seinen Talenten die Bekanntschaft aufzukündigen. Nein, der Philosoph ist fasziniert von diesem Anderen, das ihm in seiner lächelnden Selbstverständlichkeit entgegentritt. Diese erstaunliche Mischung von hoher Gesinnung und Niedertracht, gesundem Menschenverstand und Unsinnigkeit hat es ihm schließlich angetan, so daß er sich von Zeit zu Zeit nicht ungern mit ihm einläßt. Immer wieder ist er verblüfft über die gesunden Urteile und die bedeutenden Einsichten, die Rameau erkennen läßt: »O Narr! Erznarr! (rief ich aus) wie ist es möglich, daß in deinem garstigen Kopf so richtige Gedanken, vermischt mit so viel Tollheit, sich finden?« [13]

Der Philosoph, dem eine menschliche Tat Voltaires wichtiger ist als der »Mahomet«, scheint von Bedürfnissen, wie sie Rameau antreiben, unabhängig zu sein, aber dieses sein Selbstverständnis ist zu relativieren. Rameau macht ihm das immer wieder deutlich: Der Verzicht, zu dem der Philosoph bereit ist, kann nur aufgrund der einen Voraussetzung geleistet werden, daß die Befriedigung der elementaren Bedürfnisse für ihn und seine Angehörigen gesichert ist. In diesem Rahmen kann er sich als autonom und unabhängig verstehen: Als Erbe einer stoischen Moralphilosophie ist er weniger »bürgerlich« und moralistisch als philosophisch zu begreifen. Sein Gegenspieler erscheint daneben mehr als Picaro denn als Narr, welche Rolle er freilich auch zu spielen weiß; er verfügt überhaupt über viele Rollen, während der Philosoph nur eine einzige kennt, in der er sich zu erfüllen meint. Die in diesem Zusammenhang vorgeführte Abhängigkeit innerhalb des Rollenspiels, dem sich der Philosoph nur dadurch entzieht, daß er die Rolle des Unabhängigen, des Rollenlosen spielt, setzt keine ständische Ordnung mehr voraus, d. h. nicht die persönlichen Abhängigkeiten herrschen über die sachlichen, sondern umgekehrt.

Der Philosoph steht moralisch, frei, menschlich und nicht ohne Stolz dem Typus des Plebejers gegenüber, einem Außenseiter, der als deklassierter Bürger und zugleich als verhinderter Künstler erscheint, der sich verkauft. Hätte er mehr Talent oder frühe Erfolge aufzuweisen, so hätte er vielleicht einen Mäzen gefunden oder doch eine Pension. So aber muß er seine vielfältigen, immer disponiblen Fähigkeiten sozusagen von Haus zu Haus und von Tisch zu Tisch stets neu verkaufen.

Etwas peinlich berührt, nennt sich der Philosoph einmal einen einfachen Mann, »und Eure Grundsätze sind nicht die meinen«, fügt er hinzu. Umso schlimmer für ihn, erwidert Rameau und wünscht sich seine Talente. Der Philosoph wehrt ab, es geht jetzt um die des Rameau. Der aber insistiert: Er möchte sich ausdrükken können wie der Philosoph, nicht in diesem Gemisch, das halb die Sprache der Leute von Welt, halb die der Marktweiber ist. »Ich rede übel«, erwidert ihm der Philosoph. »Ich weiß nur die Wahrheit zu sagen; und das greift nicht immer, wie Ihr wißt.« [14]

So jedoch hat es Rameau nicht gemeint: »Es ist auch nicht, um die Wahrheit zu sagen, aber um die Lüge gut zu sagen, daß ich mir Eure Talente wünsche.« Er möchte ein Buch schreiben und eine schmeichelnde Widmung verfassen. Dergleichen, versichert der Philosoph, verstehe Rameau wohl besser als er. Aber, versichert er weiter, es gibt eben Leute wie ihn, für die der Reichtum nicht das höchste Ziel auf Erden ist. »Wunderliche Leute!«

»Sehr wunderliche Leute!« bestätigt Rameau. »Mit dieser Ansicht wird man nicht geboren, man gibt sie sich: denn sie ist nicht in der Natur.«

Immer wieder angegriffen, gibt der Philosoph zu, daß er beinahe zustimmen könnte, aber die genauere Erklärung möchte er sich lieber sparen. Es genügt ihm, auf das Beispiel dessen zu verweisen, der die allgemeine Pantomime nicht mitmachen muß: auf den Philosophen, der nichts hat und auch nichts begehrt. Rameau bezweifelt das: Wenn er nichts hat, so muß er leiden, wenn er nichts begehrt, so erhält er nichts, wird also immer leiden müssen. Der Philosoph nennt Diogenes als das große Beispiel. Dessen Lebensweise ist, mit allen Entbehrungen und Unbequemlichkeiten, sicherlich besser als zu kriechen, sich zu erniedrigen und zu verkaufen. Rameau jedoch hat andere Ansprüche, denen muß er auf seine Weise nachkommen. Deshalb nennt ihn der Philosoph, jetzt zum ersten Male unnachsichtig, einen Nichtswürdigen, einen Vielfraß, eine dreckige Seele (âme de boue). Aber auch das verfängt nicht; Rameau erwidert nur, kaum verletzt: »Das hab' ich Euch, glaub' ich, schon alles gestanden.« [15]

Die Schmähworte, die der Philosoph überraschend verwendet, lassen vermuten, daß er sich nicht mehr so sicher, daß er sich jedenfalls unbehaglich fühlt bei diesem fast pausenlosen Angriff, der seine erklärte Ehrlichkeit zu untergraben droht. Letztlich ist es doch Rameau, der ihn in das Faß des Diogenes zurückzwingt. Der Philosoph wird von Rameau nur allzu deutlich attackiert, sein Lakonismus ist oft genug ein Zeichen dafür, daß er nicht viel vorzubringen hat, nichts jedenfalls, das Rameau noch überzeugen könnte.

Es scheint, daß Diderot in diesem sonderbaren Dialog die Möglichkeiten erkundet, sich und seine Haltung, sein Empfinden, seine Grundsätze zu widerlegen. So gelesen, ist auch dieser Dialog Diderots ein Experiment. Wie es ausgeht, verrät er seinem Leser nicht.

»D'Alemberts Traum«

Diderot ist als »philosophe« durch die mit dem Erscheinen der *Enzyklopädie* verbundenen Leistungen keineswegs hinreichend charakterisiert, denn von den »Pensées philosophiques« und den Überlegungen »De l'interprétation de la Nature« bis zum »Rêve de D'Alembert« (1769) und den ihn einschließenden Gesprächen hat sich seine Position verändert, d. h. sie hat sich verschärft. Dies brachte ihn, obschon viele Arbeiten erst aus dem Nachlaß publiziert wurden, in den Geruch des Atheismus, in den Verdacht, das ganze Lehrgebäude der christlichen Überlieferung zu unterminieren.

Skeptizismus und Materialismus sind für Dogmatiker in fast gleicher Weise abscheulich, denn sie sehen nur die aggressive Tendenz darin, niemals vernunftgegründete Legitimität, geschweige denn die Ehrlichkeit des Denkens. Der unduldsam eifernden Gläubigkeit entgeht dann auch, in welcher Weise zuweilen bestimmte Positionen aufgebaut werden, um deren Brauchbarkeit und Stärke auszuprobieren, die gegebenenfalls wieder preisgegeben werden, wenn ihre Unzulänglichkeit erwiesen ist, woraus dann neue Denkansätze und Vorgehensweisen entwickelt werden. Dieses Verfahren macht es oft schwer, Diderot festzulegen, doch begünstigt es den immer wieder erhobenen Vorwurf der Inkonsequenz, der Unordnung und der Widersprüchlichkeit.

In einem Brief an Sophie Volland vom 2. September 1769 erwähnt Diderot den Dialog zwischen D'Alembert und ihm, zu dem er eine Fortsetzung verfertigt habe, und es sei nicht möglich, zugleich tiefer und närrischer zu sein; von Religion sei nicht die Rede, auch komme kein unanständiges Wort darin vor.[1]

Ganz so harmlos, wie Diderot hier tut, ist der »Rêve de D'Alembert« jedoch nicht. So bemerkt Varnhagen von Ense in einem Aufsatz über Diderot: »Weiter als in diesem Kunstwerke dialektischer Meisterschaft und lebendiger Darstellung kann der Cynismus schwerlich getrieben werden.« Sogar der *Neveu de Rameau* sei vergleichsweise ein unschuldiges Kind. Es wird im »Rêve de D'Alembert« mit den schwierigsten Gegenständen, »welche die Einbildungskraft nur mit Zagen, das mündliche Wort in unserer Sitte nur aus äußerster Noth befaßt, so frank und rücksichtslos herumhantiert als wie mit den Gliedern des menschlichen Körpers auf einem anatomischen Theater. Doch auch wieder so zierlich wie auf diesem, und wenn man recht will, am Ende auch wieder so unanstößig.« Und er fährt fort: »Die Untersuchung, welche hier von den Männern mit ziemlich wissenschaftlichem Ernste verhandelt wird, gewinnt ihre Hauptanstößigkeit eigentlich nur durch die Gegenwart und Theilnahme des Frauenzimmers, allein eben dadurch auch, wir müssen es gestehen, ihren höchsten Reiz, ihre Feinheit und Anmuth, die aus den Wogen des aufgeregten Cynismus denn doch immerfort auftauchen.«[2] Es ist dies eine Charakterisierung, die klug, gerecht und von Vorurteilen frei ist und Diderot in seiner ganzen Kunst und Kühnheit zeigt.

Der Gegenstand dieses dialogischen Triptychons ist kein geringerer als der spontane Übergang der angeblich toten Materie zu den Formen des Lebendigen, zum Zustand einer Qualität, die in der Möglichkeit des Empfindens liegt. Diderot hat seine frühe, kritisch-skeptische Position verlassen und bewegt sich einem entschiedenen Materialismus zu: Den Dingen, der unbelebten Materie wird die Möglichkeit einer immanenten Entwicklung, das Fortschreiten zu selbständigen Reaktionsweisen zugesprochen.

Die Vorstellung von einer Materie als dem Ganzen einzelner Moleküle (zuweilen sagt Diderot auch Atome), die in sich unendlich vielgestaltig und zu einzelnen Körpern und Kleinkörpern als Organismen zusammengeschlossen sind, klingt schon in früheren Schriften Diderots vorsichtig an. Die Materie ist dann keine tote Substanz mehr, sondern eine lebendige. Das Molekül besitzt Empfindungsvermögen (sensibilité).

Ist die lebendige Materie immer lebendig? Ist die tote Materie immer tot? Diese Frage hat Diderot bereits in den »Pensées sur l'interprétation de la Nature« aufgeworfen, vom Empfindungsvermögen der Materie ist schon in der *Enzyklopädie* die Rede gewesen, und das konnte als Spinozismus deklariert werden, aber die Entwicklung des kleinsten Lebenskeims zu höchsten Formen der Organisation blieb, wie der Übergang vom unbelebten Stoff zum lebentragenden Keim, eine Herausforderung für den Forscher wie für den Denker. Sowohl die Momente des Übergangs als auch die Grenzen der Entwicklungsmöglichkeit galt es zu erkunden. Diesen Versuch unternahm Diderot.

In der Schrift »De l'interprétation de la Nature« findet sich im letzten Abschnitt die Bemerkung: »Wenn aber der Zustand der Wesen der eines beständigen Wechsels ist, wenn die Natur noch am Werk ist, der Kette zum Trotz, welche die Erscheinungen verbindet, dann gibt es keine Philosophie. Unsere ganze Naturwissenschaft wird so vorübergehend wie die Worte.«[3] Beständiger Übergang und fortwährende Verwandlung, das ist der Ausgangspunkt für eine immanente Naturerklärung, wie Diderot sie nunmehr versucht. Er tut es mit Vorsicht, er hält ein, er nimmt Einwände auf, die ihm D'Alembert liefert, und hofft, wenn er das Problem nicht löst, so doch sich einer Lösung angenähert zu haben.

Ein modifizierter Begriff der Materie ist die Voraussetzung seiner Überlegungen, Bewegung und Schwere genügen ihm nicht, er

147

stattet die Materie mit Empfindungsvermögen (sensibilité) aus, das er bereits in den Molekülen sehen will. In ihnen ruht das Leben noch, das erst geweckt werden muß, um sich bis zu höchsten Stufen zu entwickeln. Sensibilität als eine allgemeine Eigenschaft der Materie ist, je nachdem, im Zustand der Ruhe (Latenz) vorhanden oder befindet sich im Zustand der Aktivität. Dann ist Leben ein Freiwerden bis dahin gebundener, potentieller Kräfte.

Der zermahlene Stein kann, mit Humus vermischt, im Lauf einer langen Zeit Boden für Pflanzen werden, die Pflanzen werden Nahrung. Das ist der Weg vom Marmor zu empfindenden Wesen, der länger als der von einem empfindenden zum denkenden Wesen ist. Die Präexistenz von Keimen kann er so wenig annehmen wie die Unterstellung, daß die Tiere seit den allerersten Anfängen stets dieselben gewesen seien.

Diderot hat also die Vorstellung von einem fertigen Schöpfungsplan verabschiedet und geht nun von einer Natur aus, die sich im Zustand ständiger und über große Zeiträume hinweg sich vollziehender Evolutionen befindet. So heißt es von den Lebewesen: »Wir wissen ebenso wenig, was sie gewesen sind, wie das, was sie werden können.«[4] Zeit spielt für die Natur dabei keine Rolle, unerläßlich aber ist die von der Sonne gespendete Wärme.

Und der Übergang vom Empfinden zum Denken? wendet D'Alembert ein; es ist dies zugleich die Frage nach dem Bewußtsein, dem Wissen eines empfindenden Wesens, vom ersten Moment seines Denkens bis zum gegenwärtigen stets es selbst gewesen zu sein. Dieses Wissen gründet sich auf die Erinnerung an sein Tun, ohne die es nichts von sich wüßte. Dann aber wäre sein Dasein nichts als die Folge von unverbundenen Sinneseindrücken. Dieses Erinnerungsvermögen stammt aus einer nicht näher bestimmbaren Anlage. Doch es setzt den Übergang von der Empfindung und Wahrnehmung zu einem Wissen von ebendiesen Eindrucksqualitäten voraus.

So vergleicht Diderot die Nervenfasern mit den vibrierenden und fühlenden Saiten eines Instruments; die Saite klingt noch nach, wenn sie angerührt worden ist. Die Resonanz erhält den Gegenstand gegenwärtig, indes sich der Verstand bereits mit dessen Eigenschaften beschäftigt. Und die angerissene Saite bringt andere Saiten zum Mitschwingen, dementsprechend ruft ein Gedanke den zweiten, den dritten hervor und so fort.

Aber, hält D'Alembert ihm vor, er hat nun aus dem Verstande des Philosophen etwas vom Instrument Verschiedenes gemacht. Diderot gesteht dies ein und erläutert: »Das Instrument des Philosophen hat Empfindung, es ist zugleich Musiker und Instrument. Da es empfindet, hat es das augenblickliche Bewußtsein des Tones, den es wiedergibt — als Tier hat es die Erinnerung; diese angeborene Fähigkeit verbindet die Töne in seinem Innern und schafft und bewahrt die Melodie.« [5] Ein Klavier mit Empfindung und Gedächtnis würde die auf ihm gespielte Melodie wiederholen, heißt es. »Wir sind mit Gefühl und Gedächtnis begabte Instrumente. Unsere Sinne sind ebenso viele Tasten, die von der uns umgebenden Natur angeschlagen werden und die sich oft genug sogar selbst anschlagen.«

Bewußtsein ist hier bei Diderot eigentlich nicht mehr als ein durchsichtig gewordenes und erinnerbares Empfinden. Ein einheitstiftendes Ich, das alle Handlungen und Urteile begleitet und das nicht von anderen Inhalten, sondern von sich als dem eigentlichen Inhalt bestimmt wird, taucht hier nicht auf.

Innerhalb der ständig modifizierbaren Materie vermag sich, bestimmte Bedingungen vorausgesetzt, alles aus allem innerhalb quasi unendlicher Zeiträume zu entwickeln. Die ständige Metamorphose des Stofflichen gestattet auch den Aufstieg zu höheren Formen des Daseins, wobei die erreichte »Höhe« auf der Stufenleiter als relativ anzusehen ist innerhalb eines Bewegungs- und Wandlungszusammenhanges, der dem Gesetz von der Erhaltung der Energie eher zu entsprechen scheint als der Idee von der Perfektibilität der Naturwesen.

Man darf aber auch hier nicht den hypothetischen und exploratorischen Charakter der Diderotschen Dialoge verkennen, der sich, und sei es aus Vorsicht, im Mittelteil der drei zusammengehörigen und aneinander anschließenden Stücke durch die einfache Tatsache bekundet, daß nun D'Alembert nach dem mit seinem Freund geführten Gespräch im Traum zu reden beginnt, scheinbar widersinnig zunächst, in Wirklichkeit jedoch nicht ganz so unvernünftig, wie angenommen worden war.

Mademoiselle de l'Espinasse hat den Arzt Bordeu rufen lassen; D'Alembert, der noch schläft, hat eine unruhige Nacht verbracht, und was er sprach, klang wie im Fieber. Die treue Freundin, die bei ihm wachen wollte, hat aufgeschrieben, was für sonderbare Dinge der große Mathematiker, ohne es zu ahnen, von sich gab. Zu ihrer Beruhigung findet der Doktor sehr viel Sinn in dem, was da aufgezeichnet wurde.

Die Vorstellung von der einen, in sich unterschiedlichen, in ständiger Wandlung und Bewegung befindlichen Substanz hat mannigfache Bilder im schlummernden D'Alembert aufkommen lassen, und nach und nach wird deutlich, worauf sich diese zuerst abgerissen erscheinenden Vorstellungen hinbewegen: Der Schlummernde blickt durch ein von seiner rechten Hand imitiertes Mikroskop in ein von seiner linken geformtes Glas, erkennt eine zappelnde Welt in dem Glas, vergleicht das Glas mit dem Universum. Er sieht, heißt es, in einem Wassertropfen die ganze Geschichte der Erde.[6] Wer kennt, so fragt der träumende Mathematiker, »die Tierrassen, die uns vorangegangen sind? Wer weiß, welche Tierrassen uns folgen werden? Alles verändert sich, alles geht vorüber — nur das Ganze bleibt.«

So beginnt und endet die Welt also dauernd, war nie eine andere und wird nie eine andere sein. Das aber bedeutet keineswegs die

Monotonie einer leeren Unendlichkeit, denn: »In diesem ungeheuren Meer von Materie gleicht kein Molekül dem andern, kein Molekül bleibt sich selbst gleich auch nur einen Augenblick lang: Rerum novus nascitur ordo – das ist ihr ewiger Wahlspruch [...].« Mit einem Seufzer beklagt der berühmte Mann die Eitelkeit unseres Denkens und die Armseligkeit unseres Ruhms.

Der Übergang von der toten Materie in lebende Empfindung erscheint ihm als das eigentliche Wunder des Daseins, obschon ja, genau genommen, nicht der tote Stoff lebendig, sondern die Nahrung gewordene Materie assimiliert und damit zu lebenerhaltender Wirkung gebracht wird.

Eben als Mademoiselle de l'Espinasse dabei ist, der Funktion ihres Bewußtseins sehr deutlichen Ausdruck zu geben, während sie mit dem Doktor die Traumprotokolle kommentiert, äußert sich D'Alembert von neuem: Ich bin doch so, weil ein solcher zu sein notwendig war. »Ändert das Ganze, und ich werde notwendig auch mit verändert. Dabei ändert sich das Ganze dauernd [...]. Der Mensch ist nur eine alltägliche Wirkung, die Mißgeburt eine seltene. Beide sind gleich natürlich, gleich notwendig, beide gehören zur universalen allgemeinen Ordnung der Dinge [...]. Und was ist Wunderbares dabei? [...]«[7] Die Wesen kreisen ineinander, eines entwickelt sich dabei zum anderen, folglich tun dies auch die Arten, und so ist alles ein dauernder Fluß. Aber in diesen Übergängen sieht der träumende D'Alembert auch die Verwandtschaften und Korrespondenzen; so ist jedes Tier »mehr oder weniger Mensch, jedes Mineral ist mehr oder weniger Pflanze, jede Pflanze mehr oder weniger Tier«. Die Folge davon ist: »Es gibt keine scharfe Abgrenzung in der Natur.«

So ist hier nichts zu definieren, es gibt kein Definiertes, kein In-dividuum im strengen Sinne, sondern nur das eine große umfassende Individuum unter tausenden von Tendenzen: eben das All, von dem wir nichts als Partikel sind. Wesen sind die Summe einer gewissen Zahl von Tendenzen, und niemand kann anderes sein als — Tendenz.

Dementsprechend sind die Gattungen Tendenzen zu einem gemeinsamen Ziel. Das Leben stellt sich als eine Folge von Aktionen und Reaktionen dar; der Lebende handelt und reagiert als Masse, der Tote tut dies als Menge von Molekülen. So gesehen, gibt es auch keinen Tod, denn geboren werden, leben und sterben heißt nur die Form verändern. Die Formen aber sind nicht bedeutend, jede besitzt die ihr eigenen Freuden und Leiden.

Bis hierher waren die beiden Dialoge, das Gespräch zwischen D'Alembert und Diderot und der Traum thematisch bestimmt, vom Übergang aus der toten Materie zu mit Empfindungsvermögen ausgestatteten Lebewesen. Von diesem Einsatz ist D'Alemberts Traumphantasie bestimmt, in der er einzusehen beginnt, was er bis dahin nicht hatte zugestehen wollen. Das Gespräch zwischen Mademoiselle de l'Espinasse und Dr. Bordeu handelt von der Entfaltung der organischen Welt, daran anschließend werden die Folgerungen aus den bisherigen Überlegungen und Einsichten gezogen. Dies geschieht, während D'Alembert aus seinem unruhigen Schlummer erwacht.

Mademoiselle de l'Espinasse bespricht nun mit dem Arzt jene Konsequenzen, die mit dem bestehenden Sittengesetz in Konflikt geraten müssen, das Gespräch handelt von der Zeugung und von der Gleichgültigkeit der Natur gegenüber all dem, was wir als Moral zu bezeichnen pflegen. Auch der Versuch, mit dem mechanistischen Atomismus zurechtzukommen, spielt dabei eine gewisse Rolle, doch die Behauptung, daß aus totem Stoff lebendiger hervorgehen könne, wird nicht zurückgenommen, die Assimilation durch höher organisierte Lebewesen wird als Entwicklungsvorgang angesehen, nicht als Verzehr. Die Entstehung des Lebendigen aus totem Stoff setzt, was hier verschwiegen wird, immer schon ein Lebendiges voraus.

Aber das ändert nichts an der Tatsache, daß die grenzenlose Dynamik des Naturprozesses im den Gestalten seines Werdens und Wandels herausfordernd kühn durchdacht und behandelt worden ist. Widersprüche sind Diderot nur vorzuhalten, wenn man übersehen will, daß sein Denken selbst in dauernder Bewegung ist und auf diese Weise zu Entdeckungen gelangt.

Auch darf man nicht übersehen, wie vieles bei Diderot eher Hypothese und Mutmaßung als abschließende und verbindliche Einsicht ist; jede dogmatische Festlegung ist ihm fremd, aber die Erkundung und das gedankliche Durchspielen von Möglichkeiten faszinieren ihn. So werden wir im »Rêve de D'Alembert« auch schon mit Möglichkeiten konfrontiert, die an moderne und manipulierende Eingriffe in die Naturformen auf dem Umweg über die Erbmasse erinnern. Das erkannte Organische scheint hier bereits für den planenden Menschen verfügbar geworden zu sein.

Der Gestaltwandel der Materie und die damit sich vollziehenden Übergänge von einer Daseinsform in die andere bilden den ersten Hauptgegenstand der Erörterung. Das bedeutet, daß man in Jahrtausenden, ja in Jahrmillionen denken muß. Identität des Empfindenden und Denkenden, so ergab sich weiter, ist nur im lückenlosen Wissen von sich selbst, wie es die Erinnerung garantiert. Menschen sind mit Empfindung und Gedächtnis begabte Instrumente und eben deshalb auch keine Maschinen. Die Sinne sind Tasten, welche die auf sie einwirkende Natur ständig anschlägt, die sich aber auch selbst anschlagen können. Die Empfindung ist als allgemeine Eigenschaft der Materie anzuerkennen, sie ist Produkt der organisierten Gestalt, die als eine und unteilbar gilt.

Diese Überlegungen beschäftigen D'Alembert in dem von seiner Freundin aufgezeichneten Traum, die das Notierte, das sie für einen Niederschlag des Wahns halten muß, mit Dr. Bordeu bespricht, dem derlei Erwägungen allerdings nicht völlig fremd sind. Die Welt ist in den Vorstellungen des Schlummernden fortwäh-

153

rendes Beginnen und stets sich vollziehendes Ende. Nichts bleibt, was es ist, nur das Ganze, das aus unendlicher, unübersehbarer Vielfalt besteht.

Zwei bedeutende Phänomene zeichnen sich schließlich ab: zum einen der Übergang vom inaktiven Trägheitszustand zu dem des Empfindens, zum anderen die überraschende Entstehung der Arten. Die Vorstellung der Unsterblichkeit ist läppisch geworden: Nach Fontenelles Worten ist, so lange die Rose zu denken vermag, noch niemals ein Gärtner gestorben.

Es ist weiter von den Organen die Rede, die erst die Bedürfnisse evozieren, wie umgekehrt auch solche wieder die ihnen entsprechenden Organe hervorbringen. So produziert im Naturzusammenhang die Notwendigkeit Anlagen und entwickelt Fähigkeiten. Unter diesen Umständen vollzieht sich ein Gestaltenwandel, so daß auch die allmähliche Vererbung über Generationen hinweg erworbener Eigenschaften als denkbar erscheint.

Dementsprechend können Naturgesetze ebenfalls als wandelbar erscheinen; die Physik wird immer schwieriger, und Wunder können unter diesen Umständen aufhören, noch länger solche zu sein. Es ist von den Fasern die Rede, die als Leiter organisch lokalisierbarer Empfindungen erscheinen, und schließlich auch von Mißbildungen, die darauf deuten, daß es mit der Zweckmäßigkeit in der Natur nicht ganz so gut bestellt ist, wie die Menschen oft meinen. Man bekommt Zweifel an der sinnvollen Gliederung des Erschaffenen, und in einem geistvollen Aperçu wird schließlich ein Wesen als die Mißgeburt eines anderen angesehen, der Mann etwa als die der Frau, da sie doch alle dem Mann eigentümlichen Organe in zurückgebildeter Gestalt gleichfalls besitzt.

Die Einheit des Lebewesens, seine Identität, besteht, darauf kommt das Gespräch der klugen Frau mit Dr. Bordeu schließlich zurück, in der dauernden Verbindung aller Eindrücke; die Erinnerung dieser Eindrücke ist die Geschichte eines Lebens. Das Bewußtsein, das mit solchem wissenden Erinnern offenkundig zusammenhängt, scheint im Zentrum der Empfindungen zu liegen, dort also, wo auch das Gedächtnis zu suchen ist, wo eine Instanz in der Lage ist, Vergleiche anzustellen. Gedächtnis ist die eigentümliche Fähigkeit dieses »Zentrums«, und Phantasie wird reduziert auf das Gedächtnis der Formen und Farben, doch bleibt es auch so diesem Zentrum zugeordnet. Daß Vergleichen und Urteilen andere Akte sind, als das Empfindungsvermögen gestattet, scheint die Dialogpartner nicht zu stören.

Aber das hat alles noch Probecharakter. Der Doktor, der bei der Erörterung recht heikler Themen die Forderung erhoben hatte, wenn man von Wissenschaft spricht, so müsse man die Fachausdrücke verwenden, sagt es im Abgehen: »Fast alle Unterhaltungen sind Rechnungen [...] man hat dabei keine Idee wirklich gegenwärtig [...]. Und schon allein durch die Tatsache, daß kein Mensch absolut einem anderen gleicht, verstehen wir niemals ganz genau, werden wir nie ganz genau verstanden; es gibt in allem ein weniger oder mehr: unser Gespräch ist immer diesseits oder jenseits der Empfindung. Man beobachtet eine große Vielfalt in den Urteilen, tausendmal bemerkt man sie aber nicht, und glücklicherweise kann man es nicht bemerken [...]. Auf Wiedersehen, leben Sie wohl!« [8]

D'Alembert ist inzwischen auch schon ausgegangen, doch da noch einiges zu besprechen ist, hat man Dr. Bordeu zum Essen gebeten. Ohne Provokationen geht es auch in der »Suite de l'entretien« nicht ab. So möchte Mademoiselle de l'Espinasse gern wissen, was der Doktor von der Vermischung der Gattungen denkt. Dieser aber stellt zunächst einmal die religiösen Gebote und gesellschaftlichen Verhaltensregeln in Frage, die den Vorgang der Zeugung betreffen. Worin, fragt er, sollte der Nutzen oder das Vergnügen der Keuschheit liegen? Der eine ist so wenig auszumachen wie das andere. Sie dient dem einzelnen so wenig, wie sie der

Gesellschaft förderlich ist. Auch die Selbstbefriedigung müßte vernünftiger, also vorurteilsloser betrachtet werden, als allgemein geschieht. Dann kommt man auf das zoologische Problem der Vermischung der Arten zurück; in den Worten der l'Espinasse klingt Scheu vor der hier denkbar werdenden Form der Naturbeherrschung an. Die Natur als fortwährender Übergang nicht eigentlich definierbar, niemals fertig, ein Füllhorn von Möglichkeiten, ist jedenfalls mehr als die meßbare, zählbare, wägbare Umwelt.

Schließlich aber gilt hier der Anspruch auf Glück, und die Natur läßt sich sogar für die Moral der Gesellschaft bemühen. So würde es möglich werden, menschliche Halbziegen zu züchten, die robust genug sind zu dienen und zu arbeiten und es dem Menschen ersparen, seinesgleichen als Tier zu halten und auszunutzen.

Diderot spürt der Verstehbarkeit der Natur nach, und die mathematisch orientierte Naturinterpretation wird von ihm als Einschränkung und Verarmung erkannt. Hier setzt der Nachtrag zum Vorwort der Thesen »De l'interprétation de la nature« bereits ein Signal. Es gelte, heißt es, stets im Kopf zu behalten, daß die Natur nicht Gott ist und der Mensch keine Maschine, auch die Hypothese keine Tatsache; der Leser habe ihn nicht verstanden, wenn er etwas zu finden glaubt, daß diesen Grundsätzen zuwiderläuft.[9]

Die häufigen und wechselnden Frontstellungen, die Diderot im »Rêve de D'Alembert« eher beziehen läßt als selber deutlich bezieht, gegen christlichen Dogmatismus, Sensualismus, Deismus und Teleologie, erleichtern es keineswegs, den drei Dialogen, dem zweiten vor allem, dem eigentlichen Traum, genau zu folgen. Der in sich vollendet ruhende Beweger von allem ist nicht zu fassen, er bleibt eine bloße Annahme. Der Materie sich zuwendend, sieht Diderot im Empfindungsvermögen ihre grundlegende Eigenschaft, sei diese nun aktiv oder noch inaktiv, also ruhend. Die Assimilation der Materie durch den Menschen wird im Zusammenhang eines in gewaltigen Zeitmaßen sich vollziehenden »Verlebendigungsprozesses« gesehen, für den es weiter keine Ursachen zu geben scheint.

Überhaupt sind die Möglichkeiten im Reich der Natur nicht festgelegt und in sich unerschöpflich. Reine Kausalität jedenfalls genügt als Erklärungsprinzip offensichtlich nicht. Doch scheint im Reich der Natur alles stets auf Mannigfaltigkeit aus zu sein und auf Steigerung: Reglose Materie entwickelt sich auf empfindende hin; das empfindende nähert sich, innerhalb der Empfindungssphäre selbst, dem bewußten Wesen an. Das sich wissende, sich selbst spielende und im Spiel zuhörende Klavier ist sozusagen Ziel in sich. Wie aber, ließe sich fragen, wird ein solches Klavier sich selbst zum gewußten Gegenstand? Determinismus zum einen, Bewußtsein und Einheit im Sich-selber-Wissen zum anderen wird zum unterscheidenden Problem. Mensch und Tier stellen sich jetzt als durchaus verständige Konstruktionen dar, hören aber eben damit auch auf, nur Maschinen zu sein.

Gegen die bloße Messung und Berechnung sucht Diderot die Natur zu retten, damit auch gegen die bloße Instrumentalisierung: Nicht wir bilden die Syllogismen und ziehen die Konsequenzen, die Natur tut dies für uns. Aber wir wissen nicht genug von ihr, wir beginnen nun erst, die mathematischen Wissenschaften zurückzudrängen, noch bleibt unser Wissen fragmentarisch.

Die kühnsten Spekulationen delegiert Diderot an den träumenden D'Alembert. Alle Veränderungen des Ganzen betreffen, wie das einprägsame Bild von der Traube des Bienenschwarms zeigt, auch das einzelne. Das Ganze ist wie ein Individuum anzusehen. Der träumende Mathematiker wähnt die Materie unsterblich, faßt aber nur die Erhaltung ihrer Energie. Der Genese in der Natur nachspürend, wird ihm klar, daß Geistiges nur körperlich sein, daß es jedenfalls körperunabhängige Geisteskraft nicht geben kann.

Woher, drängt die Frage dann sich auf, stammt die Einheit des Bewußtseins? Um es zu bestimmen, müssen wir mehr kennen als das entwickelte, fertige Wesen, seine Genese nämlich, die als die Folge seiner Lebensmomente im Gedächtnis des lebendigen Wesens aufgehoben ist. Was wäre, so führt die Überlegung weiter, aufgrund anderer Entwicklungen denkbar? Das sogenannte Unnormale ist vielleicht gar nicht so unnormal, wie wir es durch Ausgrenzung abzustempeln bestrebt sind.

Die Möglichkeiten läßt Diderot erwägen, aber die Theorie von Endursachen und Zielen, auf die Naturformen hin ausgerichtet sein sollen, schiebt er mit dem bloßen Hinweis auf Gegenbeispiele durch Dr. Bordeu beiseite. Und wenn Einheit im Bewußtsein ist, so sind deswegen Sinnestäuschungen noch keineswegs ausgeschlossen, zumal das Denken von einem physischen Substrat abhängig ist. Das Nervengeflecht vermag in seiner Reizbarkeit eine eigene Despotie oder Anarchie zu errichten. Wie, stellt sich dann die Frage, kann man die Abhängigkeit von den Sinneseindrücken überwinden? Wie sich schützen vor dem mechanisch erdrückenden Agieren und Reagieren? Mit den Worten Bordeus, dem Wesen, das ruhig und kühl bleibt, gilt es sich gegen die Vorstellung einer bloßen Fatalität zu behaupten: »Stärken wir also das Zentrum des Gewebes, das ist das Beste, was wir tun können.« [10] Es geht dabei, läßt er durchblicken, schließlich sogar um das Leben. Wenn das Gefühl des Überdrusses vom Willen nicht mehr kontrolliert wird, dann können die Dämme reißen. Aber ebendieser Bordeu vertritt doch auch eine utilitaristische Ethik; die Tugend soll nicht mehr als ein Wohltun sein, ihr Gegenteil das Übeltun (bienfaisance und malfaisance). Selbstachtung, Reue und Scham sind Kindereien, die man auf Unwissenheit und Eitelkeit zurückführen kann.

Doch insofern hier Positionen ausprobiert, Hypothesen auf ihre Haltbarkeit hin überprüft werden, geht es nicht um ein konsequentes Zu-Ende-Denken. Materialismus bedeutet hier so viel wie die Einsicht, daß es den Menschen außerhalb des Naturzusammenhanges nicht gibt. So fehlt auch das Selbstbewußtsein als der Gedanke, der zugleich sein eigener Inhalt wäre und all unser Denken und Handeln begleiten könnte. Empfindungen, die wie von selber kontinuierlich werden, genügen sicherlich nicht, es herzustellen.

Hinter diesen Erörterungen steht die Absicht, von einem mechanischen Atomismus wie vom Descarteschen Dualismus freizukommen. So erscheint nun das Naurganze als eine unbegrenzte, dynamisch tätige und alles ermöglichende Welt der Übergänge und Metamorphosen, von Evolutionen, die sich in grenzenlos zu nennenden Zeiträumen vollziehen. Was Diderot Materie nennt, nennen läßt, drängt danach, Organismus zu werden. Das Lebendige ist ein individueller Lebenszusammenhang mit einem eigenen Zentrum und einer seine Physis begrenzenden Empfindungsfähigkeit; die Organe sind Momente der Totalität dieser je individuellen Einheit. Diderot versucht sie freizusetzen, denn es geht ihm darum, die starre, mechanistische Konzeption der Materie durch eine dynamische zu ersetzen, wie sie sich der denkenden Beobachtung präsentiert. Deren Ausgestaltung scheint er gesprächsweise auszuprobieren.

Diderot legt sich im »Rêve de D'Alembert« keineswegs nur Zügel an: Freiheit, Tugend, Menschenliebe haben in diesen Erörterungen keinen Platz mehr; wie im »Neveu de Rameau« wird aufgeräumt, freilich, muß man hinzufügen, nur im Bereich der Naturwissenschaften und Naturphilosophie, die uns allerdings über Moral und Freiheit nichts zu lehren vermögen. Es ist, als wollte Diderot, dem diese Vorstellungen teuer waren, mit sich selbst abrechnen oder ihre Brauchbarkeit erkunden. Der entwickelte Materialismus läßt diese Vorstellungen gewissermaßen nicht zu, wo aber haben sie noch ihre Gültigkeit? Will Diderot sich selbst in Frage stellen, in Frage stellen lassen? Wir wissen es nicht; wir sehen einem Schachspiel zu, das hier der Denker mit sich selber spielt. Wir vermögen ihn nicht festzulegen und können bloß vermuten, daß sein gelegentlicher Hang zur Deklamation ihn veranlaßt hat, nur umso energischer gegen sich selbst zu spielen.

Bewegung, Empfindung, spontane Zeugung sind Einsichten, die im Gespräch ans Licht gefördert werden, das gleichfalls die Vergänglichkeit, also auch die des Menschen erfaßt. Diderot führt den Menschen in die Naturzusammenhänge zurück, die seinen Horizont ausmachen, aber es ist dies eine Natur, die noch nicht festgestellt, noch nicht »fertig« ist. Die Vernichtung des Menschen ist dann zugleich eine Relativierung des Stoffes — als Fortdauer, d. h. Fortwirken der Materie. Der Tod ist gewiß, aber er bedeutet keine vollständige Auslöschung.

In einer Gegenfrage an Mademoiselle de l'Espinasse trennt Bordeu Physik und Moral; man muß diese Abgrenzung im Sinne Diderots sicherlich ernst nehmen. Es steckt in ihr ein Hinweis zumindest darauf, daß wir, was hier in naturwissenschaftlichen Gesprächen erörtert wird, nicht voreilig auf andere Gebiete übertragen und als »Weltanschauung« verallgemeinern dürfen.

Wahrscheinlich wollte Diderot im »Rêve de D'Alembert« zu lösen versuchen, was in der Schrift »De l'interprétation de la nature« noch nicht zu lösen war. Er tut dies in einem kühnen, mit der Lebendigkeit eines zwanglosen Gesprächs durchgeführten Versuch, und versuchsweise läßt er auch den Skeptizismus seiner »Pensées philosophiques« und der »Promenade« beiseite, ohne deswegen nun schon einem dogmatischen Materialismus zu huldigen. Der Dialog wird zum Essay, Essay aber bedeutet Erkundung, Erprobung und Versuch.

Rückblick

Was für uns heute die wichtigsten Werke Diderots sind, war seinen Zeitgenossen unbekannt; für sie war Diderot der Mann der *Enzyklopädie*, der »philosophe« einiger kleinerer Schriften, Erzähler und Kritiker. Die radikale Selbstanfechtung im *Neveu de Rameau* und im »Rêve de d'Alembert« und die Gesellschaftskritik, im Kontrast vorgenommen, die uns heute zugänglich sind, die meisterhaften Dialoge, die kühnen Experimente hat Diderot zurückgehalten; wir wissen nicht, warum. Sorglosigkeit allein dürfte es nicht gewesen sein, was ihn dazu veranlaßte, nachwirkende Erinnerung an den Aufenthalt in Vincennes wohl auch nicht. Schließlich war sein Ruf, auch im Ausland, gefestigt, fast wie der von Voltaire und Rousseau.

Überdies muß man sagen, daß die mit Mühe verhinderte Niederlage des »philosophe« im »Neveu de Rameau«, daß die entschiedene Position des Dr. Bordeu im »Rêve de d'Alembert« keineswegs als »endgültig« angesehen werden dürfen. In der späten »Réfutation suivie de l'ouvrage d'Helvétius intitulé l'homme« (1774 verfaßt) äußert er in Auseinandersetzung mit dem Buch, das erst vor kurzem erschienen war, Gedanken, die man, mit Vorsicht, auch als Einwände gegen manches lesen kann, was er im »Rêve de D'Alembert« hat aussprechen lassen. So findet sich hier der nachdrückliche Hinweis darauf, daß Empfinden noch nicht Urteilen ist: »Der Stumpfsinnige empfindet, aber vielleicht urteilt er nicht. Ein Wesen, das vollständig seines Gedächtnisses beraubt ist, empfindet, aber es urteilt nicht; das Urteil setzt den

Vergleich zweier Vorstellungen (idées) voraus.«[1] Fühlen und Denken gilt es zu unterscheiden. Die glückliche Empfindung des Tieres, eine Art Zufriedenheit wohl, ist nicht die des Menschen, der Mensch bedarf der dem Menschen eigenen Begründungen. Die Aufgabe besteht darin, mit Klarheit die Verstandesoperationen abzuleiten. Dabei muß man sich vergegenwärtigen, daß Bedingungen, die man aufstellt, noch keine Begründungen sind. Ist, so fragt Diderot, die Unterscheidung zwischen dem Physischen und dem Moralischen (Geistigen) nicht genau so zuverlässig wie die zwischen dem empfindenden und dem denkenden Tier?

Wie ein Nachtrag zum Gespräch mit dem Neffen Rameaus liest sich dann die Bemerkung, daß man auch in einer äußerst schlecht organisierten Gesellschaft, wo dem Laster, das Erfolg hat, oft genug Beifall gezollt wird, wo die Tugend, die scheitert, verlacht wird, nichts Besseres für sein Glück zu unternehmen hat, als anständig zu sein.[2]

Viele der allgemein gehaltenen Behauptungen des Helvétius werden auf bezeichnende Weise von Diderot eingeschränkt: Wenn Helvétius etwa behauptet, daß der Zufall die Menschen von Genie hervorbringt, korrigiert Diderot: »[...] er versetzt sie in günstige Umstände.«[3] Der Charakter hängt vollständig von den Umständen ab, bemerkt Helvétius, Diderot erwidert: »Ich denke, daß sie ihn verändern.«

So gewinnt man hier Einblick in ein Werkstattgespräch, ein Verfahren, wie es Goethe später auch in seiner Auseinandersetzung mit Diderots »Essai sur la peinture« üben sollte. Aufschlußreich ist dabei das Geständnis, das Diderot mit Blick auf die Menschen des Paradoxons macht: Er liebe ihre Unvernunft, die zum Nachdenken stimuliert, mehr als die allgemeinen Wahrheiten, die ihn langweilen, denn wenn sie ihn auch seine Meinung nicht ändern lassen, so wirken sie doch mildernd auf die Verwegenheit seiner Gedanken ein.[4]

Wie ein resümierender Rückblick auf sein Schreiben, das sein Leben war, erscheint dann die Feststellung: »Alles geschieht in uns, weil wir wir sind, immer nur wir und nicht eine Minute dieselben.« [5]

Anhang

Anmerkungen

Einleitung

1 G. Chr. Lichtenberg, Schriften und Briefe, hrsg. von W. Promies, Bd. 2, Sudelbücher II, München 1971, S. 435 (K 183).

2 G. E. Lessing, Werke, Bd. 4: Dramaturgische Schriften, hrsg. von H. G. Göpfert, bearbeitet von K. Eibl, München 1973, S. 149.

3 Goethe, Brief an Zelter vom 3. März 1831, in: ders., Briefe in 6 Bänden, Hamburger Ausgabe, hrsg. von K. R. Mandelkow, Bd. 4, München 1988, S. 422.

4 Goethe, Brief an Schiller vom 17. Dezember 1796, in: Briefe, a. a. O., Bd. 2, S. 422

5 Friedrich Schlegel, Kritische Schriften, hrsg. von W. Rasch, 2. erw. Aufl., München 1964, S. 510 ff. (»Brief über den Roman«).

6 Denis Diderot, Briefe 1742-1781, ausgew. und hrsg. von H. Hinterhäuser, Frankfurt/M. 1984, S. 469 ff.; vgl. hierzu die fast gleichlautende Fassung in: Diderot, Oeuvres Philosophiques, Textes établis avec introductions ... par Paul Vernière, Paris 1961; Lettre apologétique de l'Abbé Raynal à Monsieur Grimm, S. 627 ff.

7 Diderot, La promenade du sceptique, zit. nach: Insel-Almanach auf das Jahr 1984. Diderot, hrsg. von H. Günther, Frankfurt/M. 1983, S. 25.

8 Oeuvres Philosophiques de Monsieur D ..., Amsterdam 1772, Bd. 3, S. 12, hier zit. nach: Insel-Almanach auf das Jahr 1984, a. a. O., S. 76.

9 Diderot, Briefe, a. a. O., S. 78.

Lebensgang

1 Diderot, Briefe, a. a. O., S. 97 ff.

2 Ebenda, S. 256 ff.

3 Ebenda, S. 209.

4 Ebenda, S. 303.

5 Zit. nach: K. Rosenkranz, Diderots Leben und Werke, Bd. 2, Leipzig 1866, S. 353.

6 Diderot, Briefe, a. a. O., S. 473.

Der Moralist

1 Nicolas Chamfort, Früchte der vollendeten Zivilisation, Maximen, Gedanken, Charakterzüge, übers. von R.-R. Wuthenow, Stuttgart 1977, S. 15.
2 Diderot, Oeuvres Philosophiques, a. a. O., S. 588.
3 Denis Diderot, Erzählungen und Gespräche, mit einer Einleitung von V. Klemperer, übertragen von K. Scheinfuss, Leipzig 1953, S. 6 ff.
4 Ebenda, S. 20 ff.
5 Ebenda, S. 60.

Frühe philosophische Arbeiten

1 Oeuvres Philosophiques, a. a. O., S. 13.
2 Ebenda, S. 58.
3 Ebenda, S. 146.
4 Ebenda, S. 177.

Die Welt des Wissens

1 D'Alembert, Einleitende Abhandlung zur Enzyklopädie (1751), neu übers., mit Einleitung und Anmerkungen versehen von G. Klaus, Berlin 1958, S. 58.
2 Denis Diderot, Enzyklopädie. Philosophische und politische Texte der »Encyclopédie«, übers. von Th. Lücke, mit einem Vorwort von R.-R. Wuthenow, München 1969, S. 52.
3 Ebenda, S. 73.
4 Ebenda, S. 79.
5 Ebenda, S. 233.
6 Ebenda, S. 182.
7 Ebenda, S. 272 (Freiheit).
8 Ebenda, S. 228.
9 Artikel aus der von Diderot und d'Alembert herausgegebenen Enzyklopädie, hrsg. von M. Naumann, aus d. Franz. übers. von Th. Lücke, Frankfurt/M. 1972, S. 842.

Ästhetische Schriften

1 Denis Diderot, Oeuvres Esthétiques, Textes établis, avec introductions ... par Paul Vernière, Paris 1968, S. 418.
2 Ebenda, S. 421 ff.
3 Ebenda, S. 436.
4 Ebenda, S. 450.
5 Ebenda, S. 460.
6 Ebenda, S. 550.
7 Ebenda, S. 481.
8 Zur Kritik an sonst bewunderten Künstlern, s. über Greuze ebenda, S. 531, über Vernet S. 562.
9 Ebenda, S. 622.
10 Ebenda, S. 652 ff.
11 Ebenda, S. 542 ff.
12 Ebenda, S. 572.
13 Ebenda, S. 599 ff.
14 Athenäum. Eine Zeitschrift, hrsg. von A. W. Schlegel und F. Schlegel, Bd. 1, 1. und 2. Stück, Nachdruck Darmstadt 1960, S. 222.
15 Diderots Versuch über die Mahlerey, in: Goethe, Werke. Vollständige Ausgabe letzter Hand, Bd. 36, Stuttgart/Tübingen 1830. Hier heißt es: »Die Kunst übernimmt nicht mit der Natur, in ihrer Breite und Tiefe zu wetteifern, sie hält sich an die Oberfläche der natürlichen Erscheinungen; aber sie hat ihre eigne Tiefe, ihre eigne Gewalt [...].« (S. 233) Dementsprechend bemerkt Goethe wenig später maximenhaft: »Der Künstler soll nicht so wahr, so gewissenhaft gegen die Natur, er soll gewissenhaft gegen die Kunst seyn.« (S. 245).
16 Diderot, Oeuvres Esthétiques, a. a. O., S. 802 ff.
17 Ebenda, S. 771.
18 Ebenda, S. 803.

Das Theater

1 Diderot, Oeuvres Esthétiques, a. a. O., S. 38.
2 G. E. Lessing, Werke, Bd. 4, a. a. O., S. 623.
3 Ebenda, S. 625.
4 Ebenda, S. 627.
5 Diderot, Oeuvres Esthétiques, a. a. O., S. 88.
6 Ebenda, S. 99 ff.

7 Ebenda, S. 120.
8 Ebenda, S. 137.
9 Ebenda, S. 141.
10 Ebenda, S. 152.
11 Ebenda, S. 161.
12 Ebenda, S. 261.
13 Diderot, Erzählungen und Gespräche, a. a. O., S. 288 ff.
14 Ebenda, S. 291.
15 Ebenda, S. 354.

Der Erzähler

1 Diderot, Erzählungen und Gespräche, a. a. O., S. 61.
2 Ebenda, S. 84.
3 Ebenda, S. 87.
4 Ebenda, S. 104.
5 Ebenda, S. 111.
6 Ebenda, S. 52.
7 Ebenda, S. 60.
8 Denis Diderot, Oeuvres Romanesques, Textes établis, avec présentation et notes par Henri Bénac, Paris 1962, S. 782.
9 Ebenda, S. 731.

Sozialkritik und Utopie

1 Diderot, Oeuvres Romanesques, a. a. O., S. 774 ff.
2 Zit. nach: P. Vernière, Diderot et le despotisme éclairé, in: Denis Diderot, hrsg. von J. Schlobach, Wege der Forschung, Bd. 655, Darmstadt 1992, S. 130; vgl. auch: Diderot. Insel-Almanach auf das Jahr 1984, a. a. O., S. 28.
3 Diderot, Erzählungen und Gespräche, a. a. O., S. 53 ff.
4 Ders., Oeuvres Philosophiques, a. a. O., S. 457 ff; zum folgenden vgl. H. Hinterhäuser, Utopie und Wirklichkeit bei Diderot, Heidelberg 1957.
5 Diderot, Oeuvres Philosophiques, a. a. O., S. 464.
6 Ebenda, S. 466.
7 Ebenda, S. 511.

»Rameaus Neffe« und die Anfechtung des Philosophen

1 Zur Wirkungsgeschichte s. die umfassende Darstellung von R. Mortier, Diderot in Deutschland 1750-1850, übers. von H. G. Schürmann, Stuttgart 1983.
2 So R. Laufer, Structure et signification du »Neveu de Rameau« de Diderot, in: Denis Diderot, hrsg. von J. Schlobach, a. a. O., S. 214.
3 Rameaus Neffe. Ein Dialog, übers. von J.-W. v. Goethe, in: Diderot, Erzählungen und Gespräche, a. a. O., S. 176.
4 G. W. F. Hegel, Die Phänomenologie des Geistes, hrsg. von J. Hoffmeister, Hamburg 1949, S. 372.
5 Diderot, Erzählungen und Gespräche, a. a. O., S. 208; vgl. zum folgenden die Studie des Verf.: Der Triumph der Verworfenheit. Zu Diderots »Le Neveu de Rameau«, in: Denis Diderot oder die Ambivalenz der Aufklärung. Heidelberger Vortragsreihe zum Internationalen Diderot-Jahr 1984, hrsg. von D. Harth und M. Raether, Würzburg 1987.
6 Diderot, Erzählungen und Gespräche, a. a. O., S. 212.
7 Ebenda, S. 211 ff.
8 Ebenda, S. 274.
9 Ebenda, S. 217 ff.
10 Ebenda, S. 202 ff.
11 Ebenda, S. 260 ff.
12 Ebenda, S. 278.
13 Ebenda, S. 203.
14 Ebenda, S. 278.

»D'Alemberts Traum«

1 S. Denis Diderot, Lettres à Sophie Volland, Textes établis... par André Babelon, 5. Aufl., Paris 1938, S. 224; vgl. auch in Diderot, Briefe, a. a. O. den Brief an d'Alembert, S. 509 ff.
2 K. A. Varnhagen, Zur Geschichtsschreibung und Litteratur, Hamburg 1833, S. 433. Ähnlich vorurteilslos urteilt in jenen Jahren nur K. Rosenkranz in seiner Diderot-Monographie.
3 Diderot, Oeuvres Philosophiques, a. a. O., S. 240 ff.
4 Ders., Erzählungen und Gespräche, a. a. O., S. 360.
5 Ebenda, S. 346.
6 Ebenda, S. 383.

7 Ebenda, S. 390 ff.
8 Ebenda, S. 435.
9 Diderot, Oeuvres Philosophiques, a. a. O., S. 175.
10 Ders., Erzählungen und Gespräche, a. a. O., S. 425.

Rückblick

1 Diderot, Oeuvres Philosophiques, a. a. O., S. 563 ff.
2 Ebenda, S. 595.
3 Ebenda, S. 601.
4 Ebenda, S. 609.
5 Ebenda, S. 619.

Literaturhinweise

1. Werke von Denis Diderot

Oeuvres complètes, hrsg. von J. Assezat und M. Tourneux, 20 Bände, Paris 1875-1877.

Oeuvres complètes, Éd. critique et ammotée, hrsg. von H. Dieckmann, R. Mauzi, R. Mortier, J. Proust und J. Varloot, Paris 1975 ff.

Oeuvres politiques (1963), Oeuvres philosophiques (1964), Oeuvres esthétiques (1976), hrsg. von P. Vernière, Oeuvres romanesques (1964), hrsg. von H. Bénac, sämtlich in der Reihe der Classiques Garnier.

Correspondance, hrsg. von G. Roth und J. Varloot, 16 Bände, Paris 1955-1975.

Lettres à Sophie Volland, hrsg. von A. Babelon, 5. Aufl., Paris 1938.

Erzählungen und Gespräche, deutsch von K. Scheinfuss, mit einer Einleitung von P. Klemperer, Leipzig 1953.

Philosophische Schriften, hrsg. und übers. von Th. Lücke, 2 Bände, Berlin 1961.

Ästhetische Schriften, hrsg. von F. Bassenge, Berlin/Weimar 1967.

Artikel aus der von Diderot und d'Alembert herausgegebenen Enzyklopädie, hrsg. von M. Naumann, Leipzig 1972.

Enzyklopädie. Philosophische und politische Texte der »Encyclopédie«, übers. von Th. Lücke, mit einem Vorwort von R.-R. Wuthenow, München 1969.

Sämtliche Romane und Erzählungen, hrsg. von H. Hinterhäuser, München 1979.

Das Theater des Herrn Diderot, übers. von G. E. Lessing, hrsg. von W. Stellmacher, Leipzig 1981.

Briefe (1742-1781), hrsg. von H. Hinterhäuser, Frankfurt/M. 1984.

Briefe an Sophie, hrsg. von H. M. Enzensberger, Frankfurt/M. 1989.

Diderot. Insel-Almanach auf das Jahr 1984, hrsg. von H. Günther, Frankfurt/M. 1983.

2. Sekundärliteratur

Albert, Claudia: Der melancholische Bürger. Ausbildung bürgerlicher Deutungsmuster im Trauerspiel Diderots und Lessings, Frankfurt/M./Bern 1983.

Chouillet, Jacques: Diderot, Paris 1977.

Dieckmann, Herbert: Cinq leçons sur Diderot, Genf 1959.

Ders.: Diderot und die Aufklärung, München 1972.

Ders.: Inventaire du fonds Vandeul et inédits de Diderot, Genf/Lille 1951.

Harth, Dietrich und M. Raether (Hg.): Denis Diderot oder die Ambivalenz der Aufklärung, Heidelberger Vortragsreihe zum Internationalen Diderot-Jahr 1984, Würzburg 1987.

Hinterhäuser, Hans: Utopie und Wirklichkeit bei Diderot, Heidelberg 1957.

Jauss, Hans Robert: Diderots Paradox über das Schauspiel, in: Germanisch-Romanische Monatsschrift, NF 11, 1961.

Jüttner, Siegfried: Die Kunstkritik Diderots 1759-1781, in: Beiträge zur Theorie der Künste im 19. Jahrhundert, Bd. 1, Frankfurt/M. 1971.

Langen, August: Die Technik der Bildbeschreibung in Diderots Salon, in: Romanische Forschungen 61, 1948.

Lewinter, Roger: Diderot et son thétre pur une psychocritique formelle, in: Temps modernes 24 (1968).

Ders.: L'exaltation de la vertu dans le thétre de Diderot, in: Diderot Studies 8 (1966).

Maurer, Karl: Die Satire in der Weise des Horaz als Kunstform von Diderots Neveu de Rameau, in: Romanische Forschungen 64, 1952.

Mauzi, Robert: Diderot et le bonheur, in: Diderot Studies 3, 1961.

Mortier, Roland: Diderot en Allemagne, Paris 1954 (dt.: 1967).

Ders.: Pour une poétique du dialogue. Essai de théorie d'un genre, in: Literary Theory and Criticism. Festschrift für R. Wellek, Bern 1984.

Proust, Jacques: Diderot et l'Encyclopédie, Paris 1962.

Ders.: Lectures de Diderot, Paris 1974.

Rosenkranz, Karl: Diderots Leben und Werk, 2 Bände, Leipzig 1866.

Schalk, Fritz: Diderots »Essai über Claudius und Nero«, in: Studien zur französischen Aufklärung, München 1964.

Schlobach, Jochen: Diderot und Grimms Correspondance littéraire, in: Diderot und die Aufklärung, Wolfenbütteler Forschungen 10, München 1980.

Ders. (Hg.): Denis Diderot, Wege der Forschung, Bd. 655, Darmstadt 1992.

Schlösser, Rudolf: Rameaus Neffe. Studien und Untersuchungen zur Einführung in Goethes Übersetzung des Diderotschen Dialogs, Weimar/Berlin 1900.

Spear, Frederic A.: Bibliographie de Diderot, 2 Bände, Genf 1980 und 1988 (umfaßt die Literatur bis 1986 in systematischer Gliederung).

V. Stackelberg, Jürgen: Diderot, München/Zürich 1983.

Starobinski, Jean: Chaque balle a son billet: destin et répétition dans Jacques le fataliste, in: Nouvelle revue de psychoanalyse 30, 1984.

Ders.: Diderot et la parole des autres, in: Critique 28, 1972.

Ders.: Le philosophe, le géomètre, l'hybride, in: Pétique VI, 1975.

Szondi, Peter: Tableau und coup de théâtre. Zur Sozialpsychologie des bürgerlichen Trauerspiels bei Diderot mit einem Exkurs über Lessing, in: Lektüren und Lektionen, Frankfurt/M. 1973.

Thomas, Jean: L'humanisme de Diderot, Paris 1932.

Winter, Ursula: Der Materialismus bei Diderot, Genf/Paris 1972.

Zeittafel

1713	Diderot wird am 5. Oktober in Langres (Dept. Haute Marne) geboren.
1725-28	Besuch des Jesuitenkollegs in Langres.
1728-32	Besuch des Collège d'Harcourt (und Louis-le-Grand?) in Paris.
1732	Magister der freien Künste der Universität Paris.
1741	Bekanntschaft mit Antoinette Champion.
1742	Freundschaft mit Jean-Jacques Rousseau.
1743	Heirat mit Antoinette Champion.
1745	Übersetzung von Shaftesburys »Inquiry concerning Virtu and Merit«. Bekanntschaft mit Condillac, Plan der *Encyclopédie.*
1746	Entwurf der *Encyclopédie.* Erscheinen der »Pensées philosophiques«, die durch Beschluß des Parlaments verboten werden.
1747	Niederschrift der »Promenade du sceptique«. Übernimmt zusammen mit d'Alembert die Leitung der *Encyclopédie.*
1748	Anonyme Veröffentlichung des Romans *Les bijoux indiscrets.*
1749	Erscheinen der »Lettre sur les aveugles«. Von Juli bis November Haft in Vincennes. Bekanntschaft mit d'Holbach.
1750	Der Prospekt der *Encyclopédie* erscheint. Bekanntschaft mit Melchior Grimm.
1751	Die Untersuchung »Lettre sur les sourds et muets« erscheint. Diderot und d'Alembert werden zu Mitgliedern der Berliner Akademie der Wissenschaften ernant. Der 1. Band der *Encyclopédie* erscheint.
1752	Der 2. Band der *Encyclopédie* erscheint. Verbot der beiden Bände, das wenig später inoffiziell wieder aufgehoben wird.
1753	Geburt der Tochter Marie-Angélique. Der 3. Band der *Encyclopédie* erscheint, wenig später die Schrift »Pensées sur l'interprétation de la nature«.
1755	Beginn der Freundschaft mit Sophie Volland.
1756	Beginn der Mitarbeit an Grimms »Correspondance Littéraire«.

1757	*Le fils naturel* erscheint, begleitet von den »Unterhaltungen über den Natürlichen Sohn« als dramaturgische Grundlegung der neuen Gattung. Auseinandersetzung mit Rousseau und Bruch der Freundschaft.
1758	Veröffentlichung des Dramas *Le père de famille*, zusammen mit seiner Abhandlung »Über die dramatische Poesie«.
1759	Das Druckprivileg für die *Encyclopédie* wird widerrufen, aber Diderot macht weiter. Erster »Salon« in Grimms »Correspondance littéraire«.
1761	Beginn der Arbeit an *Le neveu de Rameau.* Erste Pariser Aufführung des *Père de famille*, der im Jahr zuvor in Marseille uraufgeführt worden war.
1765	Katharina von Rußland erwirbt Diderots Bibliothek, für die sie ihn als Bibliothekar anstellt.
1767	Diderot wird zum Mitglied der Akademie der Künste in St. Petersburg ernannt.
1769	Diderot beendet die dreiteilige Dialogfolge »Le rêve de d'Alembert« über die Entstehung des Lebens aus der Materie und des Denkens aus der Empfindung, die erst 1830 erscheinen wird.
1770	Reise nach Bourbonne. Diderot verfaßt »Les deux amis de Bourbonne« sowie »Entretien d'un père avec ses enfants«, die durch die »Correspondance littérarire« verbreitet werden.
1772	Mitarbeit an der *Histoire des deux Indes* des Abbé Raynal. Diderot verfaßt den »Supplément au voyage de Bougainville«. Erste Werkausgabe bei Marc-Michel Rey in Amsterdam (6 Bände).
1773	Diderot arbeitet am *Jacques le fataliste et son maître.* Reise nach Rußland mit Zwischenaufenthalt in Den Haag; Begegnung mit F. H. Jacobi in Pempelfort.
1774	Rückreise aus Rußland über Holland. Diderot versucht, in Hamburg Kontakt zu Philipp Emanuel Bach aufzunehmen.
1778	»Essai sur la vie de Sénèque le philosophe«. Tod Voltaires, Tod Rousseaus.
1781	Neunter »Salon« (der letzte), abschließende Arbeit am Roman *La religieuse.* Fertigstellung der Komödie *Est-il bon? est-il méchant?*

1782   Erweiterte Fassung des Essays über Seneca; ferner: »Essai sur les règnes de Claude et de Néron«.

1784   Diderot stirbt am 31. Juli.

Ralph-Rainer Wuthenow, geb. 1928, Studium der Germanistik, Romanistik, Philosophie und Kunstgeschichte, ist Professor für Deutsche und Vergleichende Literaturwissenschaft. Buchveröffentlichungen u.a.: *Muse, Maske, Meduse* (1978); *Im Buch die Bücher oder der Held als Leser* (1980); *Das Bild und der Spiegel* (1984); *Europäische Tagebücher* (1990); über Jean Paul wie über Georg Forster, Studien zu Nietzsche.

In der Reihe *zur Einführung* bisher erschienen:

Adorno
von Willem van Reijen

Günther Anders
von Konrad Paul Liessmann

Karl-Otto Apel
von Walter Reese-Schäfer

Hannah Arendt
von Karl-Heinz Breier

Roland Barthes
von Gabriele Röttger-Denker

Bergson
von Gilles Deleuze

Bloch
von Detlef Horster

Hans Blumenberg
von Franz Josef Wetz

Martin Buber
von Siegbert Wolf

Ernst Cassirer
von Heinz Paetzold

Donald Davidson
von Kathrin Glüer

Derrida
von Heinz Kimmerle

John Dewey
von Martin Suhr

Diderot
von Ralph-Rainer Wuthenow

Umberto Eco
von Dieter Mersch

Norbert Elias
von Ralf Baumgart
und Volker Eichener

Foucault
von Hinrich Fink-Eitel

Paulo Freire
von Dimas Figueroa

Freud
von Hans-Martin Lohmann

Friedlaender (Mynona)
von Peter Cardorff

Erich Fromm
von Helmut Wehr

Habermas
von Detlef Horster

JUNIUS

Heidegger
von Günter Figal

Thomas Hobbes
von Wolfgang Kersting

Hölderlin
von Henning Bothe

Horkheimer
von Willem van Reijen

Husserl
von Peter Prechtl

Uwe Johnson
von Stefanie Golisch

Hans Jonas
von Franz Josef Wetz

C.G. Jung
von Micha Brumlik

Kafka
von Wiebrecht Ries

Kant
von Jean Grondin

Kierkegaard
von Konrad Paul Liessmann

Alexandra Kollontai
von Gabriele Raether

Julia Kristeva
von Inge Suchsland

Kropotkin
von Heinz Hug

Lacan
von Gerda Pagel

Gustav Landauer
von Siegbert Wolf

Lao-tzu
von Florian C. Reiter

Lévinas
von Bernhard Taureck

Lévi-Strauss
von Edmund Leach

Karl Liebknecht
von Ossip K. Flechtheim

Luhmann
von Walter Reese-Schäfer

Rosa Luxemburg
von Ossip K. Flechtheim

Lyotard
von Walter Reese-Schäfer

Machiavelli
von Quentin Skinner

Herbert Marcuse
von Hauke Brunkhorst
und Gertrud Koch

Marx
von Ossip K. Flechtheim
und Hans-Martin Lohmann

George Herbert Mead
von Harald Wenzel

Montaigne
von Peter Burke

Franz Neumann
von Alfons Söllner

Nietzsche
von Wiebrecht Ries

John Rawls
von Wolfgang Kersting

Wilhelm Reich
von Martin Konitzer

Karl Renner
von Anton Pelinka

Richard Rorty
von Detlef Horster

Otto Rühle
von Henry Jacoby
und Ingrid Herbst

Sartre
von Martin Suhr

Saussure
von Peter Prechtl

Carl Schmitt
von Reinhard Mehring

Schopenhauer
von Wolfgang Korfmacher

Georg Simmel
von Werner Jung

Sohn-Rethel
von Steffen Kratz

Sorel
von Larry Portis

Manès Sperber
von Alfred Paffenholz

Spinoza
von Helmut Seidel

Rudolf Steiner
von Gerhard Wehr

Tocqueville
von Michael Hereth

Trotzki
von Heinz Abosch

Max Weber
von Volker Heins

Simone Weil
von Heinz Abosch

Peter Weiss
von Stefan Howald

Carl Friedrich von Weizsäcker
von Michael Drieschner

Alfred North Whitehead
von Michael Hauskeller

Wittgenstein
von Chris Bezzel

Virginia Woolf
von Vera und Ansgar Nünning

JUNIUS